essen&leben

Australien Neuseeland

Das Kochbuch

Edition
Fackelträger

Rezepte: Sylvia Winnewisser

Weinempfehlungen und Bezugsquelle: Wein Wolf Import GmbH & Co. Vertriebs KG

Digitale Bildbearbeitung: Helmut van der Beck

Gesamtgestaltung: Fackelträger Verlag GmbH, Köln

Printed in China

ISBN 978-3-7716-4356-0

www.fackeltraeger-verlag.de

essen&leben

Australien Neuseeland

Das Kochbuch

Edition
Fackelträger

Inhaltsverzeichnis

Vorwort

Australien ist das sechstgrößte Land der Erde. Die beiden neuseeländischen Inseln nehmen sich dagegen winzig aus.

Mit seinen über 7,5 Millionen Quadratkilometern Fläche ist Australien über 21 Mal größer als Deutschland, jedoch sehr viel dünner besiedelt. Australien ist darüber hinaus nicht nur einer der ältesten Landteile, die es auf der Erde gibt, sondern auch einer der trockensten Kontinente.

Er erstreckt sich vom 44. südlichen Breitengrad bis fast zum 10. Grad südlicher Breite. Dieser großen Ausdehnung in Nord-Süd-Richtung ist es zu verdanken, dass es auf dem australischen Kontinent viele unterschiedliche Klimazonen gibt. So findet man im Norden und Nord-Westen tropische Verhältnisse vor, während der Süden und Westen eher mitteleuropäisches Klima aufweisen. Im sogenannten Outback, in der Mitte des Kontinents, herrscht trockenes Wüstenklima, in dem kaum etwas gedeiht. Hier liegt die Heimat der Aborigines, der Ureinwohner Australiens.

Die Jahreszeiten sind entgegengesetzt zu unseren, da Australien auf der Südhalbkugel liegt. Wenn es in Europa Sommer ist, herrscht dort Winter.

Vorwort

Neuseeland, die zweigeteilte Insel, liegt nur wenige Flugstunden von Sydney entfernt und ist daher ein beliebtes Ausflugsziel für die Aussies.

Die Maori, Ureinwohner Neuseelands, nennen sie die „Insel der langen weißen Wolke" (Aeoteroa). Dies war der erste Eindruck, den die Menschen aus Polynesien hatten, als sie die neuseeländische Inselgruppe zum ersten Mal sahen. Mitten im Pazifik gelegen, hängen eigentlich immer Wolken über Neuseeland.

Auch hier findet man auf Süd- und Nordinsel unterschiedliche Klimazonen. Auf dem nördlichsten Zipfel bei der Bay of Islands herrschen suptropische Temperaturen, hier fühlen sich Seelöwen wohl, kreisen Kormorane in der Luft und durchziehen Delfine und Buckelwale das Meer. Hier wachsen Palmen und die bis zu 2000 Jahre alten Kauri-Bäume, eine Fichtenart, die größten Bäume der Insel. Das Angebot an Obst, Gemüse und Meeresfrüchten ist paradiesisch. Von hier aus fährt man weiter Richtung Süden, vorbei an Auckland, der quirligen Metropole und Hauptstadt Wellington, man überquert den Marlborough Sound und gelangt ans Ende der Südinsel, wo man sich bald wie in Skandinavien fühlt. Weite Seen, Fjorde und Gletscher prägen die Landschaft, man trifft Pinguine und seltene Vogelarten und kaum einen Menschen.

Vorwort

Die Küchen beider Länder ähneln sich sehr. Denn hier wie dort leben Menschen unterschiedlicher Nationalitäten.

In beiden Ländern findet man Menschen europäischer, vor allem britischer, amerikanischer, asiatischer und zuweilen auch afrikanischer Herkunft. Und jede Nation hat ihre eigenen Küchen- und Kochtraditionen zur einheimischen Küche beigetragen, sodass sich dort heute eine Vielfalt unterschiedlicher Kochstile findet. Australische und neuseeländische Köche verstanden es darüber hinaus, Bekanntes mit Fremdem fantasievoll zu mischen oder die Rezepte der Einwanderer auf ihre Weise kreativ zu verändern. Neue Gerichte entstanden, die dank der Frische und großen Auswahl an Zutaten für Feinschmecker zu den Geheimtipps gehören.

Vorwort

Englische Tradition

Noch bis vor 60 Jahren konnte man jedoch zu Recht behaupten, dass die australische und neuseeländische Küche eigentlich ein Abbild der englischen ist. Die ersten Siedler, meist Strafgefangene aus England, brachten nicht nur ihre Nutztiere wie Rinder und Schweine sowie europäische Obst-, Gemüse- und Getreidesorten mit, sondern auch die Art der Zubereitung.

Was sie auf dem fünften Kontinent an Obst und Fleisch vorfanden, Wildtiere wie Kängurus und die riesigen Laufvögel Emus, fand geschmacklich nur langsam ihre Zustimmung. Mehr oder weniger erfolgreich begannen sie Vieh zu züchten und Ackerbau zu betreiben. Es dauerte einige Jahre und Missernten, bis die Felder, Obstbäume und Gemüsegärten Erträge brachten, die die Menschen ernähren konnten und zum wirtschaftlichen Aufschwung des Landes führten.

Aus den Kinderschuhen heraus

Seit dem Ende des Zweiten Weltkrieges entstieg die australische Küche langsam ihren englischen Kinderschuhen. Und inzwischen sind die Küchen sowohl Australiens wie Neuseelands eine gelungene Symbiose aus Ost und West, eine Mischung aus Mittelmeerküche und asiatischen Zubereitungsarten, kombiniert mit einheimischen Produkten. Buschgewächse wie Lemon Myrtle (ein Regenwaldbaum), Kakadu-Pflaumen, Wattleseed (Akaziensamen) oder Buschtomaten (Tangelo) werden in Australien wieder vermehrt verwendet. Darüber hinaus ermöglicht das Klima in Down Under sowohl den Anbau von tropischen wie mediterranen Früchten und Gemüsen. Die Meere vor der Haustür – Australien hat etwa 30 000 Kilometer Küste – bieten eine reichhaltige Auswahl an Fisch und Meeresfrüchten. Rinder, Lämmer und Geflügel liefern Fleisch. Außerdem produziert Australien heute sehr gutes Olivenöl, weltbekannte Weine und Käse, die dem Vergleich mit der europäischen Konkurrenz standhalten können.

Schafzucht

Über 100 Millionen Hausschafe leben in Australien, damit werden etwa 25 Prozent der Weltproduktion an Wolle erzeugt. Australische Merinoschafe liefern fast die gesamte Produktion an Wolle. Die Erzeugung von Lamm- und Schaffleisch macht ebenfalls einen großen wirtschaftlichen Faktor aus. Die Schafe werden im Outback in Farmen gehalten, in Gebieten, die noch teilweise fruchtbar sind. Der Bestand pro Farm reicht von einigen Tausend bis 100 000 Tieren.

Die Schafrassen werden in Peppin, Saxon, South Australian und Spanish unterteilt, jede jeweils für bestimmte klimatische Verhältnisse besonders geeignet. Neben den Merinoschafen ist die Kreuzung von Merinoschaf und Border Leicester-Schaf am häufigsten in Australien anzutreffen.

Vorwort

Zu Lande und im Meer

Aus dem Meer vor dem Northern Territory stammen Seebarsch und Barramundi, eine Barschart. Gourmets lieben Steaks und Burger aus Büffel- und Krokodilfleisch, die man hier besonders delikat bekommt.

Im tropischen Queensland wachsen Mangos, Papayas, Quandongs (Pfirsichart) oder die grünen, vitaminreichen Billyoat-Pflaumen. Cray Fish (Hummer), Krabben und Garnelen steuert das Meer bei. Im Westen Australiens dominieren Ziegenkäse und Weinanbau, ebenso in New South Wales im Südwesten. Von dort stammt auch das zarte Fleisch der Illabo-Lämmer. Vor der Küste Sydneys werden die berühmten Rock Austern und die „Bugs", Krebse, die auch als Käfer bezeichnet werden, gefangen. In Victoria wird Wein angebaut, Rinder, Schafe und Tauben werden gezüchtet und der berühmte Milawa-Käse hergestellt. In Südaustralien befindet sich das für seinen vorzüglichen Wein bekannte Barossa-Valley. Außerdem gibt es hier ausgedehnte Olivenplantagen.

Charakteristisch für Tasmanien sind Walnüsse, Käse und Beerenfrüchte. Außerdem werden Macadamianüsse, die ursprünglich aus Australien stammen, kommerziell im Land angebaut. Aus der Tasmanischen See stammen der Rote Thunfisch, Lachs, Forellen, Austern und Kammmuscheln.

Neuseeland

Neuseeland ist mit seinen knapp 270 000 Quadratkilometern Fläche vergleichsweise klein. Etwa 4 Millionen Menschen unterschiedlicher Nationalität leben hier, das bedeutet etwa 15 Menschen pro Quadratkilometer. Zwei Drittel des Landes sind Nationalparkgebiet. Es gibt kaum Industrie.

Noch bis vor gut zehn Jahren herrschte auch hier bis auf das Nationalgericht der Maori, das Hangi, der englische Kochstil vor, den die ersten englischen Siedler eingeführt hatten. Doch multinationale Einwanderer haben eine neue Ära des Kochens eingeläutet, von der mittlerweile das ganze Land profitiert. Denn Essen hat hier einen hohen Stellenwert. Das Angebot an Lebensmitteln, die das Land und die Gewässer von Meer, Flüssen und Seen hergeben, ist groß. Der Fischreichtum Neuseelands ist fast legendär: Es gibt etwa 80 essbare Fischarten, darunter bekannte wie Seezunge, Snapper, Austern, Lachs, Goldbrasse, Languste, Aal, Forelle, Kabeljau und Petersfisch, oder eher unbekannte wie Orange Roughy, Hapuka, Tarakihi, Whitebait und Inanga.

An Fleisch produziert Neuseeland Lamm, Rind, Schwein, Geflügel und Fasan, Rebhuhn, Hirsch, Wildschwein, Reh, Wachteln und Kaninchen, die auf Farmen gezüchtet werden. Neuseeland deckt inzwischen etwa 70 Prozent der Einfuhr an Lammfleisch in die EU-Staaten.

Obst und Gemüse wachsen hier in paradiesischer Fülle. Das günstige Klima und der fruchtbare Boden machen den Anbau zahlloser Früchte und Gemüse wie Grapefruits, Orangen, Äpfel, Kiwi, Trauben, Spargel, Artischocken, Avocado, Aprikosen, Kirschen, Beeren sowie Süßkartoffeln möglich.

Auch der neuseeländische Weinanbau findet mittlerweile in der übrigen Welt Anerkennung. Dennoch wird nur eine kleine Menge Wein für den ausländischen Markt produziert.

Snacks und kleine Speisen

Die Tradition kleiner Speisen und Snacks ist noch nicht sehr alt in Australien.

Erst in den letzten Jahrzehnten haben sich die kleinen Häppchen, die man zum Drink zwischendurch oder bei einer Party serviert bekommt, in den Restaurants durchgesetzt. Die eher einfache australische Küche kannte vor Ankunft der Siedler aus aller Herren Länder Köstlichkeiten wie gegrillte Feigen, Kroketten mit Macadamianüssen oder Austern mit Melonensalsa nicht. Auch die italienische Bruschetta oder die chinesische Frühlingsrolle waren im Land unbekannt. Einzig „Jaffles", des Australiers Lieblingssnack, war schon zu früheren Zeiten verbreitet. Denn diese gerösteten Sandwiches ließen sich auch im Freien schnell zubereiten. Spezielle Jaffle-Eisen wurden erfunden, um die Snacks zuzubereiten: zwei Metallplatten mit Wölbungen, in die jeweils ein Stück Brot gelegt wurde. Dazwischen kam der Belag: Käse und Schinken, Tomaten, Speck, rohe Eier oder auch mal Baked Beans. Das Eisen kam geschlossen ins offene Feuer. Für viele haben Jaffles noch heute einen Hauch von Abenteuer.

Snacks und kleine Speisen

Heutzutage erlaubt allein das vielfältige Angebot an landeseigenen Zutaten die Zusammenstellung einer reichhaltigen Auswahl an kleinen Speisen und Snacks, die gerne frisch zubereitet werden und nicht mehr nur aus Fertigprodukten bestehen.

Denn Dips, Aufstriche und leckere Quiches kannte man bis vor wenigen Jahren nur aus dem Glas oder der Tiefkühltruhe.

Auch in Sachen Partyhäppchen hat sich einiges getan in Down Under. War es vor einigen Jahren noch eine Überraschung, wenn die Gastgeberin Käsespieße, Mixed Pickles und Cracker anbot, findet man heute schon eher exotische Hackbällchen, fruchtige Garnelenspieße und frisch zubereitete Guacamole mit Tortillachips auf dem Partybuffett. Sehr beliebt sind immer noch die „Jatz Crackers", die vor etwa 40 Jahren mit Eischeiben und Petersilie belegt wurden und heute mit Räucherlachs, Lammcarpaccio, Mozzarella und Tomaten zu neuen kulinarischen Höhen aufgestiegen sind.

PFANNKUCHEN MIT AUSTERN
UND AVOCADOCREME

PFANNKUCHEN MIT HUMMER
UND MANGOCREME

PFANNKUCHEN MIT GARNELEN
UND KIWICREME

PFANNKUCHEN MIT FISCHFLEISCH UND PAPRIKACREME

PFANNKUCHEN MIT HÄHNCHENFLEISCH UND AVOCADOCREME

PFANNKUCHEN MIT HACKFLEISCH UND TOMATENCREME

Pfannkuchen mit Muscheln und Avocadocreme

Für 4 Portionen
2 kg Muscheln*
100 ml trockener Weißwein*
1 große rote Zwiebel*
3 Frühlingszwiebeln*
400 g Mehl
4 Eier
2 El süße Chilisauce*
3 El frisch gehackter Koriander*
4 Tl Limettensaft
Salz, Pfeffer
4 El Sonnenblumenöl
2 Avocados*
1 kleiner grüner Salat
Salatdressing zum Beträufeln

Zubereitungszeit: ca. 30 Minuten (plus Koch- und Backzeit)
Pro Portion ca. 837 kcal/3515 kJ
37 g E · 36 g F · 85 g KH

Pfannkuchen mit Muscheln und Avocadocreme

Die Muscheln säubern, gut bürsten und geöffnete Muscheln entfernen. Die Muscheln mit dem Wein und 100 ml Wasser in einem Topf abgedeckt zum Kochen bringen. Wenn sich die Schalen öffnen, die Muscheln aus dem Topf nehmen, geschlossene Muscheln wegwerfen, das Fleisch aus den Schalen lösen und hacken. Die Zwiebel schälen und fein hacken. Die Frühlingszwiebeln putzen, waschen und in dünne Ringe schneiden. Alles mit Mehl, Eiern, Chilisauce, Koriander und 2 Tl Limettensaft in einer Schüssel zu einer festen Masse verarbeiten, würzen.

Den Backofen auf 180 °C (Umluft 160 °C) vorheizen. Etwas Öl in einer Pfanne erhitzen, jeweils 2 El Muschelteig hineingeben, zu Plätzchen formen und von beiden Seiten etwa 1 Minute anbraten. In eine feuerfeste Form geben und im Ofen in etwa 15 Minuten fest werden lassen.

Die Avocados halbieren, den Stein entfernen und das Fruchtfleisch aus der Schale lösen. Mit dem restlichen Limettensaft, Salz und Pfeffer pürieren. Die Salatblätter waschen und trockenschütteln.

Die Pfannkuchen auf den Salatblättern auf Tellern anrichten. Mit Avocadomousse bedecken und nach Belieben mit Salatdressing beträufeln.

* Die mit einem Sternchen versehenen Zutaten können ausgetauscht werden. Gewürze und Kräuter je nach Belieben.

Austern mit Melonensalsa

Austern mit Melonensalsa
Die Melone schälen, die Kerne herauslösen und das Fruchtfleisch fein hacken. Die Chilischote und die Paprikaschote putzen, waschen, entkernen und fein hacken. Diese Zutaten mit Koriander und Limettensaft in einer Schüssel mischen und 30 Minuten abgedeckt durchziehen lassen. Danach mit Salz und Pfeffer abschmecken.

Für 4 Portionen
1/4 Galia-Melone
1 rote Chilischote
1 kleine rote Paprikaschote
1 Tl frisch gehackter Koriander
1 Tl Limettensaft
Salz, Pfeffer
24 Austern
Eiswürfel, Steinsalz
getrocknetes Seegras
Tortillachips
Limetten zum Garnieren

Zubereitungszeit: ca. 20 Minuten
(plus Zeit zum Durchziehen)
Pro Portion ca. 410 kcal/1722 kJ
55 g E · 7 g F · 29 g KH

Die Austern von den Schalen lösen, aber darin lassen. Mit Pfeffer bestreuen. Auf jede Auster etwas Melonensalsa geben.

Pro Teller etwas zerstoßenes Eis geben und mit Steinsalz bestreuen (damit es nicht schmilzt). Auf dem Eis getrocknetes Seegras anordnen, salzen und darauf jeweils sechs Austern in der Schale verteilen. Dazu Tortillachips und Limettenachtel reichen.

Frische Austern sowie eine Vielzahl anderer Meeresfrüchte findet man in Australien vor den Küsten, vor allem vor denen Tasmaniens, der im Süden des Kontinents vorgelagerten Insel. Dafür verantwortlich sind unter anderem unterschiedliche Wassertemperaturen und sehr klares und sauberes Wasser. Vor allem vor Tasmanien, Südaustralien und Victoria findet man die Pazifische Felsenauster, die ursprünglich aus Japan stammt. Außerdem wird in Tasmanien eine verwandte Art der europäischen Auster gezüchtet. Entlang der Küste von New South Wales im Südosten einschließlich Sydney befinden sich die Zuchtstationen der bekanntesten und besten Sydney-Felsenauster.

2003 Naturaliste Yallingup Red Margaret River, Australien

Die Region Margaret River ist ein recht junges Weingebiet. Erst um 1980 wurden die ersten Weingärten angelegt. Schon bald stellte sich heraus, dass dieses Gebiet alle Anforderungen eines Qualitätsweinbaugebiets erfüllte. Dieser Naturaliste wird aus mehreren Traubensorten hergestellt, darunter Cabernet Sauvignon, Shiraz und Pinot Noir. Der Wein reift gut ein Jahr in kleinen Eichenfässern. Er besticht durch seine hellrote Farbe und den Duft nach reifen Früchten. Würze und Holztöne entstehen durch Ausbau in Eichenfässern. Voller, warmer Geschmack, nach Kräutern, schwer, mit angenehm weichem Abgang.

Für 4 Portionen
250 g Entenleber
½ El frisch gehackter Thymian
1 Tl frisch gehackter Rosmarin
50 ml Cognac
250 g gehacktes Wildschweinfleisch
Salz, Pfeffer
250 g Frühstücksspeck in dünnen Scheiben

Zubereitungszeit: ca. 30 Minuten
(plus Zeit zum Marinieren, Garen und Kühlen)
Pro Portion ca. 305 kcal/1281 kJ
35 g E · 13 g F · 3 g KH

Terrine mit Entenleber und Wildschwein

Terrine mit Entenleber und Wildschwein

Die Entenleber waschen, trockentupfen und die Sehnen entfernen. Die Leber mit den Kräutern und dem Cognac in eine Schale geben und etwa 4 Stunden marinieren. Danach die Leber herausnehmen, trockentupfen, die Marinade aufbewahren. Drei Viertel der Leber fein hacken, den Rest beiseite stellen.

Die gehackte Leber mit dem gehackten Wildschweinfleisch zurück in die Marinade geben. Mit Salz und Pfeffer würzen. Den Backofen auf 200 °C (Umluft 180 °C) vorheizen.

Eine Terrinenform mit den Speckscheiben auslegen. Einige Scheiben zum Bedecken übrig behalten. Die Fleischmischung in die Form geben, dabei die ganzen Leberstücke in der Mitte platzieren. Mit den restlichen Speckscheiben zudecken.

Die Terrine mit Alufolie zugedeckt in die Fettpfanne des Ofens stellen und drei Viertel hoch kochendes Wasser angießen. Die Terrine im Ofen etwa 2 Stunden garen. Danach auf einem Rost abkühlen lassen. Im Kühlschrank für weitere 2 Stunden ganz durchkühlen.

Die Terrine aus der Form lösen und in 1 cm dicke Scheiben schneiden. Mit Salat und einem Relish nach Wahl servieren.

Ziegenkäsepäckchen

Die Zwiebel und den Knoblauch schälen, den Lauch putzen, waschen und das Grün abschneiden. Die Paprikaschoten putzen, waschen und entkernen. Das Gemüse, die Zwiebel und eine Knoblauchzehe fein schneiden. Die Butter in einer Pfanne schmelzen und das Gemüse darin unter Rühren andünsten. Die Kräuter unterrühren, mit Zucker, Salz und Pfeffer abschmecken. Den Tomatensaft zugießen und alles noch etwa 3 Minuten köcheln. Die Mischung im Mixer pürieren und durch ein Sieb streichen. Nach Bedarf noch etwas Wasser zugeben. Mit Gewürzen abschmecken und beiseite stellen.

Die Zucchini putzen, waschen und eine Zucchini längs in dünne Scheiben hobeln. Die Paprikaschote putzen, waschen und entkernen. Die zweite Zucchini und die Paprika in dünne Streifen schneiden. Die zweite Knoblauchzehe hacken. 1 El Öl in einer Pfanne erhitzen und das Gemüse in Streifen darin unter Rühren weich dünsten. Dann beiseite stellen. Den Backofen auf 180 °C (Umluft 160 °C) vorheizen.

Das restliche Öl erhitzen und die Zucchinischeiben darin von einer Seite andünsten. Aus der Pfanne nehmen und auf Küchenpapier abtropfen lassen. Den Ziegenkäse in Stücke schneiden und mit den Zucchinischeiben umwickeln. Die Päckchen in eine feuerfeste Form geben und im Ofen etwa 5 Minuten erwärmen. Die Haselnüsse hacken und ohne Fett rösten.

Die Ziegenkäsepäckchen auf dem Paprika-Zwiebel-Gemüse anrichten. Mit Paprikacoulis umgeben und mit Haselnüssen bestreuen.

Ziegenkäsepäckchen

Für 4 Portionen
1 Zwiebel
2 Knoblauchzehen
1 Lauchstange
3 rote Paprikaschoten
50 g Butter
1 Lorbeerblatt
1 Thymianzweig
Zucker, Salz, Pfeffer
250 ml Tomatensaft
2 Zucchini
1 gelbe Paprikaschote
2 El Olivenöl
200 g Ziegenkäse
15 g Haselnüsse
Fett für die Form

Zubereitungszeit: ca. 40 Minuten (plus Zeit zum Garen und Erwärmen)
Pro Portion ca. 282 kcal/1184 kJ
17 g E · 17 g F · 9 g KH

Zwiebelfrittata mit Olivenpesto

Für 4 bis 6 Portionen
6 Eier
75 g frisch geriebener Parmesan
Salz, Pfeffer
1 mittelgroße rote Zwiebel
1 El Olivenöl
250 g schwarze Oliven (200 g ohne Stein)
1 El Kapern aus dem Glas
1 Knoblauchzehe
abgeriebene Schale von 1/4 unbehandelten Limette

Zubereitungszeit: ca. 25 Minuten (plus Bratzeit)
Pro Portion ca. 278 kcal/1167 kJ
12 g E · 24 g F · 3 g KH

Zwiebelfrittata mit Olivenpesto
Die Eier in einer Schüssel verquirlen. Den Käse einrühren und die Mischung mit Salz und Pfeffer abschmecken. Die Zwiebel schälen und in dünne Ringe schneiden.

In einer Pfanne das Olivenöl erhitzen und die Zwiebelringe darin weich dünsten. Die Temperatur herunterschalten und die Eimischung hinzufügen. Von einer Seite goldbraun braten, dann wenden und von der anderen Seite braten. Auf eine Platte geben und abkühlen lassen.

Die Oliven entsteinen, die Kapern abtropfen lassen. Die Knoblauchzehe schälen. Alles mit der Limettenschale im Mixer pürieren.

Die Zwiebelfrittata in vier oder sechs Stücke schneiden und mit etwas Olivenpesto auf Tellern anrichten. Dazu gemischten Salat servieren.

Der Olivenanbau wird in Australien stark gefördert. Große Olivenhaine findet man in Südaustralien, dazu kommen einige wild wachsende Olivenbäume. Im Bundesstaat Victoria und in Melbourne leben die meisten italienischen und griechischen Einwanderer, die sich einmal im Jahr auf die Olivenernte freuen und für die vielen Rezepte köstlicher Olivenzubereitungsarten verantwortlich zeichnen.

Jaffles

Jaffles

Jeweils vier Toastscheiben mit Butter bestreichen. Auf jede gebutterte Toastscheibe je eine Scheibe Schinken und Käse legen. Die Tomate waschen, vom Stielansatz befreien und in Scheiben schneiden.

Auf jede belegte Toastscheibe eine bis zwei Tomatenscheiben legen und mit den restlichen Toastscheiben bedecken. Die Sandwiches in einem Jaffle- oder Sandwichtoaster von beiden Seiten goldbraun backen und noch heiß mit frischem Salat servieren.

Für 4 Portionen
8 Scheiben Toastbrot
2 El Butter
4 Scheiben Schinken
4 Scheiben Käse
1 Tomate

Zubereitungszeit: ca. 5 Minuten
(plus Zeit zum Toasten)
Pro Portion ca. 205 kcal/861 kJ
10 g E · 7 g F · 24 g KH

Tipp

Die Zutaten für die Jaffles können Sie je nach Geschmack beliebig variieren. Wenn Sie die Gelegenheit bekommen, besorgen Sie sich ein Jaffle-Eisen zum Toasten der Sandwiches.

TARTELETTS MIT PAPRIKAPESTO,
ZUCCHINI UND DRESSING

TARTELETTS MIT TOMATENPESTO,
MOZZARELLA UND DRESSING

TARTELETTS MIT OLIVENPESTO,
SCHAFSKÄSE UND DRESSING

TARTELETTS MIT KÜRBISPESTO, GEMISCHTEM SALAT UND DRESSING

TARTELETTS MIT ZUCCHINIPESTO, AUSTERNPILZEN UND DRESSING

TARTELETTS MIT AUBERGINENPESTO, TOMATEN UND DRESSING

Tarteletts mit Paprikapesto und Auberginen

Für 4 Portionen
1 Aubergine*
Salz
2 Knoblauchzehen*
je 1 El frisch gehacktes Basilikum und frisch gehackte Minze*
Pfeffer
Olivenöl
4 rote Paprikaschoten*
50 g Pinienkerne*
geriebener Parmesan*
1 Ei
100 g Sahne
4 Tarteletts zum Fertigbacken (ca. 8,5 cm Durchmesser)
1 Hand voll Zitronenbasilikum*
2 Tl Zitronensaft

Zubereitungszeit: ca. 40 Minuten (plus Backzeit)
Pro Portion ca. 712 kcal/2990 kJ
15 g E · 45 g F · 61 g KH

Tarteletts mit Paprikapesto und Auberginen

Die Aubergine putzen, waschen und in feine Scheiben schneiden. Mit Salz bestreuen und zum Wasserziehen beiseite stellen. Den Knoblauch schälen und eine Zehe hacken. Die Auberginenscheiben abwaschen und trockentupfen. Mit den gehackten Kräutern und dem Knoblauch bestreuen und mit Pfeffer würzen. So viel Olivenöl darüber träufeln, dass Kräuter und Auberginen ganz bedeckt sind. Etwas festdrücken und abgedeckt kühl stellen.

Die Paprikaschoten putzen und waschen. Im Ofen so lange backen, bis die Schale beginnt, braun zu werden. In einer Plastiktüte leicht abkühlen lassen, dann die Paprikaschoten schälen, entkernen und im Mixer mit den Pinienkernen, der zweiten Knoblauchzehe und dem Parmesan pürieren. Nach und nach etwa 1 bis 2 El Olivenöl zugeben, bis das Pesto eine halbfeste Konsistenz angenommen hat. Den Backofen auf 180 °C (Umluft 160 °C) vorheizen.

2 El des Paprikapestos mit dem Ei und der Sahne mischen. Jedes Tartelett mit dieser Mischung bestreichen und im Ofen nach Packungsangabe fertig backen.

Das Zitronenbasilikum waschen, trockentupfen und die Blättchen fein hacken. Mit Zitronensaft, 3 El warmem Olivenöl, Salz und Pfeffer zu einem Dressing mischen.

Die marinierten Auberginenscheiben auf Tellern verteilen, die Paprikatarteletts darauf anrichten und mit Basilikumdressing beträufeln.

* Die mit einem Sternchen versehenen Zutaten können ausgetauscht werden. Gewürze und Kräuter je nach Belieben.

Fischomelett mit Cheddar

Fischomelett mit Cheddar
Das Fischfilet in kleine Stücke schneiden. Mit Mehl, verquirlten Eiern und Cheddar mischen und mit Salz und Pfeffer würzen. Den Backofen auf 225 °C (Umluft 200 °C) vorheizen.

Für 4 Portionen
800 g Fischfilet
50 g Mehl
8 Eier
2 El frisch geriebener Cheddar
Salz, Pfeffer
4 Tl gemischte Kerne und Samen (Kürbiskerne-, Sesam- und Mohnsamen)
2 El frisch geriebener Parmesan
Öl für die Pfanne

Zubereitungszeit: ca. 20 Minuten (plus Backzeit)
Pro Portion ca. 505 kcal/2121 kJ
56 g E · 25 g F · 11 g KH

Eine ofenfeste große Pfanne gut einölen. Die Fischomelettmasse hineingeben und gut andrücken. Mit gemischten Samen und Parmesan bestreuen und im Ofen 10 bis 12 Minuten backen.

Das Omelett aus der Pfanne nehmen, in vier Teile schneiden und mit gebackenen Tomaten servieren.

Der Hartkäse **Cheddar** stammt ursprünglich aus England, wo er seit Jahrhunderten aus Rohmilch von der Kuh hergestellt wird. Er schmeckt würzig und nussig. In England gibt es noch sechs Betriebe, die den traditionellen Cheddar produzieren, der zum Reifen in ein Tuch gebunden wird.

Auch in Neuseeland wird Cheddar hergestellt, als blockförmiger, rindenloser Käse in verschiedenen Größen. Nach seinen mindestens 12 bis 18 Monaten Reifezeit ist er bissfest und schmeckt leicht nach Zwiebeln. Eine besondere Farbe erhält er durch das Karotin, das im Gras neuseeländischer Weiden enthalten ist. Geschmack und Qualität des Cheddar werden in Neuseeland streng überwacht, damit sie stets gleich bleiben.

Für 4 Portionen
50 g Butter
50 g frisch geriebener Parmesan
50 g frisch geriebener Cheddar
2 Frühlingszwiebeln
1 El frisch gehackte Petersilie
1/4 Tl Cayennepfeffer
Salz, Pfeffer
50 g Paniermehl
500 g Krabben
8 große Pilzköpfe
200 ml Olivenöl
1/2 rote Paprikaschote
2 El frische Basilikumblätter
2 Knoblauchzehen
1 El Balsamessig
1 El Zitronensaft

Zubereitungszeit: ca. 30 Minuten (plus Back- und Röstzeit)
Pro Portion ca. 460 kcal/1932 kJ
35 g E · 28 g F · 14 g KH

Mit Krabben gefüllte Pilze

Mit Krabben gefüllte Pilze
Die Butter schmelzen und mit den beiden Käsesorten mischen. Die Frühlingszwiebeln putzen, waschen und in Ringe schneiden. Mit Petersilie, Cayennepfeffer, Salz, Pfeffer und Paniermehl ebenfalls unter die Butter mischen. Zuletzt die Krabben unterheben. Den Backofen auf 180 °C (Umluft 160 °C) vorheizen.

Die Pilze feucht abreiben und innen vorsichtig aushöhlen. Die Krabbenmischung hineinfüllen, mit 1 El Öl beträufeln und die Pilze in einer feuerfesten, eingeölten Form im Ofen etwa 12 Minuten backen.

Die Paprikaschote putzen, waschen und im Ofen rösten, bis die Haut Blasen wirft. In einer Plastiktüte leicht auskühlen lassen, dann häuten und fein hacken. Mit den Basilikumblättern, Knoblauch, Essig, Zitronensaft und dem restlichen Öl im Mixer pürieren.

Die gefüllten Pilze mit der Paprikavinaigrette auf frischem Toast servieren.

Räucherfisch mit Spargel

Den Spargel waschen, die Enden abschneiden und die Stangen im unteren Drittel schälen. In leicht gesalzenem Wasser etwa 8 Minuten bissfest garen. Dann herausnehmen und abtropfen lassen.

Den geräucherten Fisch in dünne Scheiben schneiden. Auf je eine Scheibe Räucherlachs eine Scheibe Räucheraal legen und jeweils eine Spargelstange darin einwickeln. Die Päckchen halbieren.

Für die Sauce Tartar die Mayonnaise mit Oliven, Pfeffergurke und Schnittlauch vermischen.

Die Fischpäckchen mit jeweils etwas Sauce Tartar auf Teller verteilen.

Räucherfisch mit Spargel

Für 4 Portionen
12 Stangen grüner Spargel
Salz
400 g geräucherter Lachs
400 g geräucherter Aal

Für die Sauce Tartar:
12 El Mayonnaise
4 El gehackte Oliven
4 El gehackte Pfeffergurke
4 El frisch gehackter Schnittlauch

Zubereitungszeit: ca. 20 Minuten (plus Garzeit)
Pro Portion ca. 570 kcal/2394 kJ
37 g E · 45 g F · 3 g KH

Spargel bekommt man in Australien das ganze Jahr über. Am besten schmeckt er jedoch im Frühjahr. Die größten Spargelanbaugebiete liegen in Victoria, wo außerdem noch Erbsen, Brokkoli, Blumenkohl, Kartoffeln und Karotten angebaut werden.

Fischräucherstationen sind sehr verbreitet, so dass man überall frisch geräucherten Fisch bekommt.

Gegrillte Feigen mit Schinken

Für 4 Portionen
4 reife Feigen
100 g Ziegenkäse (Rolle)
4 Scheiben magerer Rinderschinken

Zubereitungszeit: ca. 10 Minuten (plus Backzeit)
Pro Portion ca. 86 kcal/361 kJ
8 g E · 4 g F · 2 g KH

Gegrillte Feigen mit Schinken
Den Backofen auf 190 °C (Umluft 170 °C) vorheizen. Ein Backblech mit Backpapier auslegen.

Die Feigen waschen, trockentupfen und längs halbieren. Den Ziegenkäse in acht dünne Scheiben schneiden. Die Schinkenscheiben halbieren.

Auf jede halbierte Feige eine Scheibe Ziegenkäse legen und mit einer halben Scheibe Schinken umwickeln. Mit Holzstäbchen zusammenstecken.

Die Feigen im Ofen etwa 10 Minuten backen, bis der Käse zu schmelzen beginnt. Heiß servieren.

Feigen, ursprünglich aus Kleinasien kommend, gehören zu den ältesten Früchten, die wir Menschen kennen. Sie werden vorwiegend in den Mittelmeerländern angebaut, aber auch in Australien. Die reifen Früchte mit dem hellrosa Fruchtfleisch sind beliebt als Zutat in Süßspeisen und Salaten. Feigen sind mineral- und ballaststoffreich und enthalten viele Kohlehydrate.

Lammschinken mit Rucola

Lammschinken mit Rucola

Den Lammschinken in Scheiben schneiden. Die Orange schälen und filetieren. Die Kiwis in Scheiben schneiden. Den Rucola waschen und gut trockenschütteln.

Die Schinkenscheiben auf vier Teller verteilen. Darauf die Orangenfilets und Kiwischeiben legen.

Den Rucola dekorativ zwischen den Obststücken anrichten und mit Balsamessig und Olivenöl beträufeln. Mit Pfeffer bestreuen. Dazu frisches Brot reichen.

Für 4 Portionen
250 g Illabo-Lammschinken
1 Orange
2 Kiwis
½ Bund Rucola
1 El Balsamessig
Olivenöl
Pfeffer

Zubereitungszeit 20 Minuten
Pro Portion ca. 153 kcal/361 kJ
19 g E · 5 g F · 6 g KH

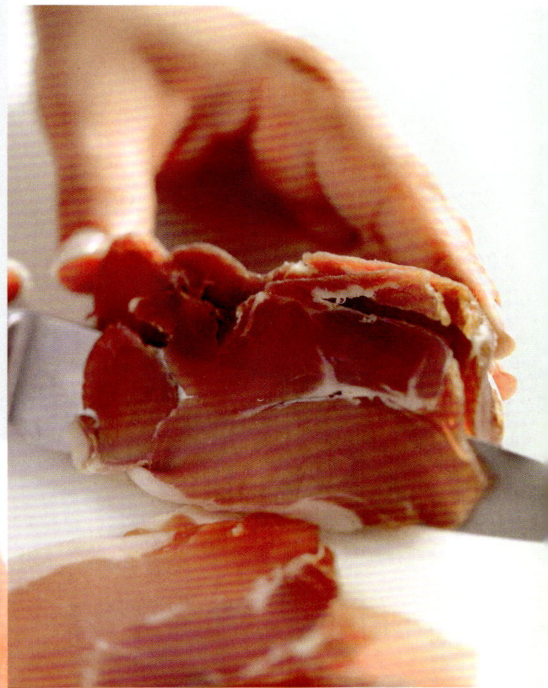

Tipp

Der Lammschinken sollte in sehr dünne Scheiben geschnitten werden. Er kann durch italienischen Parmaschinken oder spanischen Serrano-Schinken ersetzt werden.

BLÄTTERTEIGTÖRTCHEN MIT ZIEGENKÄSE

BLÄTTERTEIGTÖRTCHEN MIT SCHAFSKÄSE UND OLIVEN

BLÄTTERTEIGTÖRTCHEN MIT EIERN, KÄSE UND SAHNE

BLÄTTERTEIGTÖRTCHEN MIT BLAUSCHIMMELKÄSE

BLÄTTERTEIGTÖRTCHEN MIT ZWIEBELN, SPECK UND EMMENTALER

BLÄTTERTEIGTÖRTCHEN MIT TOMATEN, MOZZARELLA UND BASILIKUM

Blätterteigtörtchen mit Cheddar

Für 4 Portionen
1/2 Bund Frühlingszwiebeln*
80 g Butter*
200 g Cheddar*
125 g Crème fraîche*
Salz, Pfeffer
1 Packung Blätterteig (TK)
Fett für die Förmchen
einige Blätter Friseesalat zum Dekorieren*

Zubereitungszeit: ca. 20 Minuten (plus Zeit zum Dünsten, Abkühlen und Backen)
Pro Portion ca. 547 kcal/2297 kJ
14 g E · 51 g F · 8 g KH

Blätterteigtörtchen mit Cheddar
Den Backofen auf 180 °C (Umluft 160 °C) vorheizen. Die Frühlingszwiebeln putzen, waschen und nur den weißen Teil in Ringe schneiden. 60 g Butter in einer Pfanne erhitzen und die Frühlingszwiebeln darin unter Rühren weich dünsten. Abkühlen lassen.

Den Cheddar würfeln und mit der Crème fraîche und 2 El Butter im Mixer pürieren. Die abgekühlten Frühlingszwiebeln unterheben. Mit Salz und Pfeffer würzen.

Den Blätterteig auftauen, auf einer bemehlten Arbeitsfläche ausrollen und in 16 Stücke von 5 x 5 cm schneiden. 16 kleine Tartelettförmchen einfetten und die Teigstücke hineinlegen.

Die Füllung auf dem Blätterteig verteilen und die Törtchen im Ofen etwa 15 Minuten backen. Die Tartelетts 5 Minuten abkühlen lassen, dann aus den Förmchen lösen.

* Die mit einem Sternchen versehenen Zutaten können ausgetauscht werden. Gewürze und Kräuter je nach Belieben.

Safran ist ein Zwiebelgewächs, das zu den Krokussen gehört. Die Safrankrokusse haben an den Blütenstempeln jeweils drei Blütennarben. Von Hand gepflückt und getrocknet, entstehen daraus die bekannten, intensiv orange färbenden Safranfäden. Ihr Geschmack ist leicht bitter bis scharf, das Aroma würzig.

Auberginenquiche mit Milawa-Ziegenkäse

Auberginenquiche mit Milawa-Ziegenkäse

Das Mehl mit der gewürfelten Butter und der Crème double in einer Schüssel verrühren, bis ein fester Teigkloß entsteht. Den Teig flach drücken, in Folie wickeln und etwa 1 Stunde im Kühlschrank ruhen lassen.

Inzwischen die Auberginen putzen, waschen und längs in dünne Scheiben schneiden. Mit Salz bestreuen und etwa 1 Stunde durchziehen lassen.

Den Backofen auf 220 °C (Umluft 200 °C) vorheizen. Eine Springform (33 cm Durchmesser) einfetten. Anschließend den Teig ausrollen und in die Form legen. Mit Backpapier abdecken und die Backerbsen darauf verteilen. Den Boden etwa 10 Minuten backen.

Die Auberginen gründlich abspülen und trockentupfen. Mit etwas Olivenöl einreiben. Unter dem vorgeheizten Grill goldbraun rösten. Auf Küchenpapier abtropfen lassen. Die Zwiebeln schälen und in dünne Ringe schneiden. Im restlichen Öl weich dünsten, herausnehmen und abtropfen lassen.

Die Erbsen und das Backpapier vom Tortenboden entfernen, den Teig weitere 10 Minuten backen. Dann die Auberginenscheiben fächerförmig darauf verteilen. Darauf die Zwiebeln und den gewürfelten Ziegenkäse geben. Die restlichen Zutaten miteinander verrühren und über den Kuchen gießen. Die Temperatur auf 150 °C (Umluft 130 °C) herunterschalten und die Quiche etwa 40 Minuten backen. 10 Minuten ruhen lassen, dann warm servieren.

Für 1 Springform
240 g Mehl
200 g Butter
125 g Crème double
750 g Auberginen
3 El Salz
60 ml Olivenöl
4 rote Zwiebeln
250 g Milawa-Ziegenkäse
500 g Sahne
1 Tl Safranfäden
3 Eier
3 Eigelb
Salz, Pfeffer
Fett für die Form
Erbsen zum Blindbacken

Zubereitungszeit: ca. 30 Minuten
(plus Zeit zum Ruhen, Schmor- und Backzeit)
Pro Portion ca. 373 kcal/1566 kJ
10 g E · 30 g F · 15 g KH

Die violetten Eierfrüchte oder **Auberginen** sind mit den Einwanderern aus Italien und Asien nach Australien gekommen, denn ihre eigentliche Heimat ist Indien. Heute sind sie fester Bestandteil der australischen Küche; auch in Neuseeland findet man sie auf den Gemüsefeldern und Speiseplänen. Es gibt Auberginen in unterschiedlichen Größen, Formen und Farben.

Milawa ist eigentlich eine bekannte Weinregion Australiens in der Nähe von Victoria. Doch auch der aus der Milch der Ziegen hergestellte Käse ist über die Landesgrenzen hinaus bekannt. Denn Australien verfügt über einige sehr gute Käsereien, die Käse bester Qualität herstellen. Am besten schmeckt der Käse, der aus Frühjahrs- oder Sommermilch der Ziegen hergestellt wird. Käse aus Ziegenmilch sind leichter verdaulich als Kuhmilchkäse.

Die **Yamswurzeln**, auch Brotwurzeln genannt, sind wie Kartoffeln sehr stärkehaltig und können daher auch wie diese verarbeitet werden: also gekocht, gebraten, gebacken und gedämpft. Yamswurzeln gibt es in verschiedenen Sorten, die meisten stammen ursprünglich aus dem asiatischen Raum, werden heutzutage aber meist in Afrika angebaut. Neben der Verarbeitung der frischen Wurzeln können sie auch getrocknet verwendet werden, in Form von Chips, Mehl oder Stärke. In vielen Anbaugebieten wird die Wurzel mittlerweile durch die leichter zu kultivierende Süßkartoffel ersetzt.

Für 4 Portionen
300 g Yamswurzeln
150 g Kartoffeln
100 g Erbsen
100 g Pak Soi
200 g ungesalzene Macadamianüsse
1 Zwiebel
3 Knoblauchzehen
3 El Sonnenblumenöl
4 Tl getrocknete Chiliflocken
4 Tl Palmzucker
3 El Maismehl, Salz
Öl zum Braten

Zubereitungszeit: ca. 30 Minuten (plus Dünst-, Gar- und Bratzeit)
Pro Portion ca. 535 kcal/2247 kJ
9 g E · 41 g F · 31 g KH

Kroketten aus Yamswurzel und Macadamia

Kroketten aus Yamswurzel und Macadamia

Die Yamswurzeln und die Kartoffeln gut waschen und in kochendem Wasser garen, dann abgießen, schälen und zerstampfen. Die Erbsen waschen und abtropfen. Den Pak Soi putzen, waschen und in dünne Streifen schneiden.

Die Nüsse in einer Pfanne ohne Fett rösten, dann hacken. Die Zwiebel und die Knoblauchzehen schälen, die Zwiebel in dünne Ringe schneiden, den Knoblauch hacken. Das Öl in einer Pfanne erhitzen und die Zwiebelringe glasig dünsten. Den Knoblauch hinzufügen und unter Rühren 1 Minute mitdünsten. Die Nüsse und die Chiliflocken zu den Zwiebeln geben. Das Gemüse hinzufügen und alles weitere 2 Minuten dünsten.

Den Zucker und das Mehl unter die Pfannenmischung geben, würzen, gut durchmischen und abkühlen lassen. Anschließend aus der Masse kleine Kroketten formen und in heißem Öl goldbraun braten. Mit Kräuter-Joghurt-Dip servieren.

Gefüllter Blätterteig

Die Tomaten waschen, von den Stielansätzen befreien und hacken. Die Frühlingszwiebeln putzen, waschen und in Ringe schneiden. Den Knoblauch schälen und hacken. Die Tomaten mit Zwiebeln, Knoblauch, Gewürzen, Zucker, Salz und Malzessig in einen Topf geben und abgedeckt etwa 1 Stunde 30 Minuten zu einer dicken Sauce einköcheln. Abkühlen lassen, durch ein Sieb streichen und etwa 300 ml Sauce beiseite stellen.

Den Backofen auf 200 °C (Umluft 180 °C) vorheizen. Die Zwiebel schälen, die Zucchini putzen und waschen und die Kartoffeln schälen. Das Gemüse in Würfel schneiden. Die grünen Bohnen putzen, waschen und klein schneiden. Das gesamte Gemüse mit dem Hackfleisch mischen und würzen.

Den Blätterteig auftauen, ausrollen und Kreise von 7 cm Durchmesser ausstechen. In jeden Teigkreis 1 El Füllung geben und zusammenklappen. Die Ränder gut zusammendrücken.

Zwei Backbleche einfetten und die Blätterteigstücke darauf setzen. Mit verquirltem Eigelb bestreichen und im Ofen etwa 16 Minuten backen. Die Teigtaschen mit der frischen Tomatensauce servieren.

Gefüllter Blätterteig

Für 4 Portionen
2 kg Tomaten
2 Frühlingszwiebeln
1 Knoblauchzehe
10 Gewürznelken
10 g frisch gehackte Ingwerwurzel
1 El Pimentkörner
125 g Zucker, Salz
200 ml Malzessig
1 Zwiebel, 1 Zucchini
1 Kartoffel
50 g Kürbisfleisch
100 g grüne Bohnen
100 g Rinderhackfleisch
Pfeffer
12 Blätterteigstücke (TK)
1 Eigelb
Fett für die Bleche

Zubereitungszeit. ca. 40 Minuten
(plus Gar- und Backzeit)
Pro Portion ca. 472 kcal/1982 kJ
14 g E · 15 g F · 65 g KH

Lammnieren in Sherry mit Wildsalat

Für 4 Portionen
125 g Wildsalatmischung mit Blüten
3 Knoblauchzehen
600 g Lammnieren
3 El Olivenöl
80 ml trockener Sherry
4 Tl Cranberriegelee
Salz, Pfeffer

Zubereitungszeit: ca. 20 Minuten (plus Brat- und Kochzeit)
Pro Portion ca. 200 kcal/840 kJ
25 g E · 8 g F · 2 g KH

Lammnieren in Sherry mit Wildsalat
Den Salat waschen und trockenschütteln. Die Knoblauchzehen schälen und sehr fein hacken. Die Lammnieren säubern, waschen, trockentupfen und würfeln.

Das Öl in einer Pfanne erhitzen und den Knoblauch darin unter Rühren weich dünsten. Die Nieren zugeben und bei hoher Temperatur und unter Rühren gut anbraten. Die Nieren aus der Pfanne nehmen und warm stellen.

Den Bratensatz mit dem Sherry ablöschen und aufkochen. Das Gelee einrühren und unter Rühren auflösen. Die Sauce mit Salz und Pfeffer abschmecken.

Den Salat auf Teller verteilen und die Nieren darauf legen. Die Sherrysauce darüber träufeln und sofort servieren. Dazu Reis oder frisches Brot reichen.

Wildsalat kennt man auch als **Mesclun** und versteht darunter eine Salatmischung aus jungen Trieben verschiedener Salat- und Kräutersorten, die man auch wild wachsend findet. Oftmals bestehen diese Mischungen aus Eskariol, Radicchio, Chicorée, Feldsalat, Löwenzahn, Kerbel, Eichblattsalat und Portulak. Die Zusammensetzung lässt sich natürlich je nach Angebot und Jahreszeit variieren.

Suppen

Bevor die australische Küche sich aus der Asche der Unscheinbarkeit erhob und vom Kolonialherrn England emanzipierte, gehörten kräftige Suppen und herzhafte Eintöpfe zu den häufigsten Speisen der Einwohner.

Ständig unterwegs und auf Wanderschaft, war es immer noch am einfachsten, über dem Lagerfeuer im Kessel einen nahrhaften Eintopf aus Bohnen, Fleisch oder Gemüse zuzubereiten. Heutzutage fällt es nicht schwer, bei dem Angebot an frischen Lebensmitteln herrliche Clam Chowder, pikante Gemüsesuppen und die beliebte Känguruschwanzsuppe zuzubereiten. Diese typische Suppe aus dem Süden Australiens bekommt man heute im ganzen Land, mittlerweile jedoch geschmacklich verfeinert durch etwas Zitronengras oder Lemon Myrtle. Man sieht deutlich den Unterschied zur Siedlerzeit des 19. Jahrhunderts: Aus dem kräftigen Eintopf von damals haben sich heute feine Suppen aus raffiniert zusammengestellten Zutaten entwickelt, die mit einheimischen und von den Einwanderern importierten Kräutern und Gewürzen zu einem neuen Geschmackserlebnis werden.

Suppen

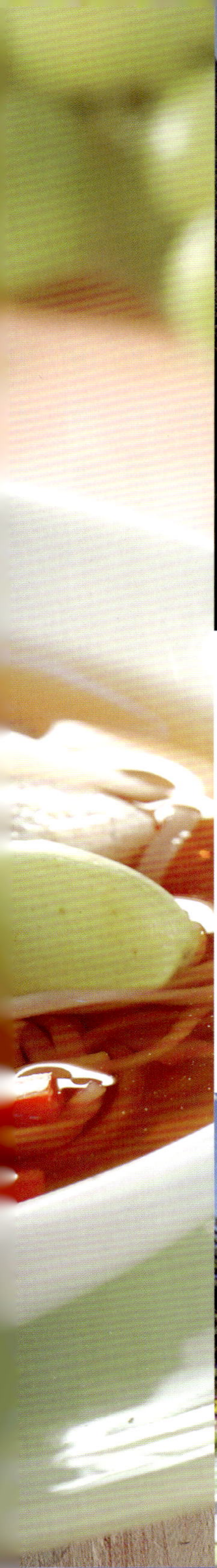

Die Einwanderergruppen haben ihre heimischen Suppenrezepte mitgebracht, sodass man heute eine typische italienische Linsensuppe mit Wurst oder eine Tomatensuppe bekommt, die mit fein gewürfelten Schalotten und dünnen Avocadoscheiben eine neue Geschmacksrichtung erhalten hat.

Auch eine englische Mulligatawny oder eine chinesische Reisnudelsuppe gehören zum festen Repertoire australischer und auch neuseeländischer Suppenköche.

Suppen können Teil eines reichhaltigen Menüs sein, wie dies schon zu Kolonialzeiten der Fall war, oder als selbstständiges Gericht zusammen mit Salat oder frisch gebackenem Brot auf den Tisch kommen. Um die Zusammensetzung einer Suppe braucht man sich angesichts der Vielfalt an Fleisch, Fisch, Getreide und Gemüse, die in Australien herrscht, keine Sorgen zu machen. Im Zusammenspiel der Experimentierfreudigkeit australischer Köche und der Rezeptauswahl, die aufgrund unterschiedlicher Nationalitäten im Land vorzufinden ist, entstehen ganz neue Suppenkreationen von bestechender Einfachheit oder interessanter Raffinesse.

KRABBENSUPPE MIT SPINAT

KRABBENSUPPE MIT KORIANDER

KREBSSUPPE MIT TOMATEN UND BASILIKUM

HUMMERSUPPE MIT SAFRAN UND PETERSILIE

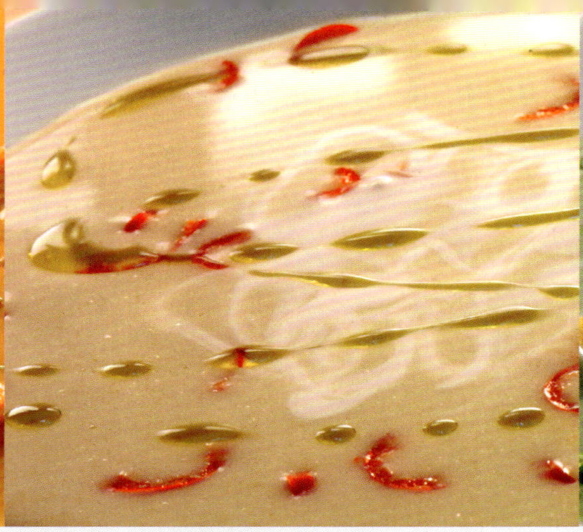

FISCHSUPPE MIT KOKOSMILCH UND CHILI

KRABBENSUPPE MIT SÜẞKARTOFFELN UND SCHNITTLAUCH

Krabbensuppe mit Wasserkresse

Für 4 Portionen
2 mittelgroße Zwiebeln*
4 Knoblauchzehen*
1 kleine Lauchstange*
4 mittelgroße Kartoffeln*
1 Tl frische Zitronenthymianblätter*
50 ml Olivenöl
100 ml Weißwein
1,75 l Hühnerbrühe
Meersalz, Pfeffer
1 großes Bund Wasserkresse*
100 g gekochtes Krabbenfleisch*
Olivenöl zum Servieren

Zubereitungszeit 30 Minuten (plus Garzeit)
Pro Portion ca. 255 kcal/1071 kJ
10 g E · 5 g F · 34 g KH

Krabbensuppe mit Wasserkresse
Die Zwiebeln und die Knoblauchzehen schälen. Den Lauch putzen und waschen. Die Kartoffeln schälen. Das Gemüse fein hacken, die Kartoffeln in 1 cm große Würfel schneiden. Die Thymianblätter hacken.

Das Olivenöl in einem Topf erhitzen und das Gemüse und die Thymianblätter darin unter Rühren weich dünsten. Die Kartoffeln hinzufügen und unterheben, bis sie gut mit Öl überzogen sind. Den Weißwein angießen und die Flüssigkeit auf die Hälfte einkochen lassen.

Die Hühnerbrühe angießen und mit Salz und Pfeffer abschmecken. Die Suppe garen, bis die Kartoffeln weich sind. Die Wasserkresse waschen, trockenschütteln, harte Strünke abschneiden und die Kresse grob hacken. Die Hälfte der Kresse in die Suppe geben und 2 Minuten mitgaren. Die Suppe etwas abkühlen lassen, dann die restliche Wasserkresse zugeben und pürieren. Das Püree durch ein Sieb streichen.

Die Suppe erneut erhitzen und das Krabbenfleisch unterrühren. Die Suppe auf Teller verteilen und mit Olivenöl beträufeln.

* Die mit einem Sternchen versehenen Zutaten können ausgetauscht werden. Gewürze und Kräuter je nach Belieben.

Clam Chowder

Clam Chowder
Die Fischbrühe in einen großen Topf geben und abgedeckt zum Kochen bringen. Die Muscheln unter fließendem Wasser bürsten, geöffnete Schalen entfernen. Die Muscheln in die Fischbrühe geben und 3 Minuten kochen, bis sich die Schalen öffnen. Geschlossene Muscheln wegwerfen. Den Sud durch ein Sieb gießen und aufbewahren. Die Muscheln beiseite stellen.

Die Zwiebel und den Knoblauch schälen und hacken. Den Sellerie putzen, waschen und in dünne Scheiben schneiden. Die Kartoffeln pellen und würfeln. Das Olivenöl in einem Topf erhitzen und die Zwiebel mit dem Knoblauch darin andünsten. Anschließend die Butter, Sellerie, Kartoffeln, 4 El Petersilie, Zitronenschale, Lorbeerblatt und Thymianzweig hinzufügen und alles etwa 5 Minuten schwitzen. Das Mehl darüber stäuben, verrühren und die Masse andicken lassen.

Die Hühnerbrühe und den Muschelsud angießen und die Suppe sämig einkochen. Das Muschelfleisch aus den Schalen lösen und in die Suppe geben. Kurz vor dem Servieren die Sahne und die gehackten Tomaten hinzufügen und abschmecken. Mit restlicher Petersilie bestreut servieren. Dazu frisches Brot reichen.

Für 4 bis 6 Portionen
250 ml Fischbrühe
2 kg Littleneck Clams
(Quahog-Muscheln)
1 Zwiebel, 1 Knoblauchzehe
2 Selleriestangen, 2 Pellkartoffeln
2 El Olivenöl, 1 El Butter
5 El frisch gehackte
glatte Petersilie
1 Tl abgeriebene Zitronenschale
1 Lorbeerblatt, 1 Thymianzweig
1 El Mehl, 1 l Hühnerbrühe
200 g Sahne, 150 g gehackte
Tomaten aus der Dose
Salz, Pfeffer

Zubereitungszeit: ca. 40 Minuten
(plus Garzeit)
Pro Portion ca. 365 kcal/1533 kJ
34 g E · 26 g F · 16 g KH

Als **Littleneck Clams** werden die kleinsten der Quahog-Muscheln bezeichnet, eine Venusmuschelart, die bis zu 5 cm groß wird. In Neuseeland findet man sie wild gedeihend in den kalten Gewässern vor der Küste von Süd-Otago. Sie werden von Hand eingesammelt und sind das ganze Jahr über frisch erhältlich. Oftmals werden sie auch roh verzehrt. Ihren Namen Quahog haben die Muscheln von den Indianern, die die Schalen der Quahogs zu „Muschelgeld" verarbeiteten. Sie schliffen aus ihnen Perlen, die auf Schnüre aufgereiht als Zahlungsmittel dienten.

Neben den kleinen Littleneck Clams gibt es noch zwei weitere Venusmuschelarten, die als Zutaten in Eintöpfen und Suppen ebenfalls gut geeignet sind. Die etwas größeren heißen **Cherrystones** und sind bis zu 7 cm groß. Die größten der Quahog-Muschelarten sind die **Chowder** oder **Steamer Clams**, die häufiger als die Littlenecks in Suppen verwendet werden, wie ihr Name bereits sagt. Sie sind zum rohen Verzehr zu groß. Aber auch neuseeländische Miesmuscheln mit ihren typischen grün gefärbten Schalen sind als Suppeneinlage eine Delikatesse.

Für 4 bis 5 Portionen	2 Tl Zucker
250 g gekochtes Muschelfleisch	50 ml Weißweinessig
250 g festes Fischfleisch	750 ml Fischbrühe
2 Karotten	60 g Mehl
2 Zwiebeln	60 g Sahne
1 Pastinake	Salz, Pfeffer
½ Selleriestange	4 kleine runde
125 g Butter	Brote mit fester Rinde
75 ml Weißwein	
1 Tl getrockneter Dill	
1 Tl getrockneter Thymian	

Zubereitungszeit: ca. 30 Minuten (plus Koch- und Backzeit)
Pro Portion ca. 436 kcal/1831 kJ
23 g E · 26 g F · 30 g KH

Meeresfrüchtesuppe

Meeresfrüchtesuppe
Das Muschelfleisch halbieren. Das Fischfleisch in Würfel schneiden. Die Karotten, die Zwiebeln und die Pastinake schälen. Den Sellerie putzen und waschen, das Gemüse in kleine Stücke schneiden.

Die Hälfte der Butter in einem Topf erhitzen und das Gemüse darin etwa 10 Minuten andünsten. Weißwein, Kräuter, Zucker und Essig zugeben und alles weitere 5 Minuten köcheln. Dann Muscheln, Fischwürfel und Brühe hinzufügen und 1 Minute mitköcheln.

Den Backofen auf 160 °C (Umluft 140 °C) vorheizen.

Die restliche Butter in einem anderen Topf schmelzen. Mit dem Mehl eine Mehlschwitze herstellen, mit der Sahne ablöschen und zur Suppe geben. Würzen und unter Rühren 10 Minuten sämig einkochen lassen.

Die Brote oben aufschneiden und das Innere bis auf einen Rand herauslösen. Die Brote im Ofen knusprig backen, dann die Suppe hineinfüllen und sofort servieren.

Geflügelsuppe mit Trauben

Geflügelsuppe mit Trauben

Die Glasnudeln etwa 20 Minuten in heißem Wasser einweichen. Die Chilischoten hacken, dabei die Kerne entfernen. Die Schalotten schälen und in dünne Ringe schneiden. Die Hühnerbrüste säubern, waschen und trockentupfen. Dann in Streifen schneiden.

Die Hühnerbrühe mit Koriander, Ingwer, Zitronenschale, Chili, Schalotten und Hühnerbruststreifen in einem Topf zum Kochen bringen und etwa 6 Minuten köcheln. Dann Kokosmilch, Fischsauce und Zitronensaft hinzufügen.

Die Glasnudeln abgießen und abtropfen lassen, dann unter die Suppe heben und kurz erhitzen. Die Trauben waschen, halbieren und evtl. Kerne entfernen.

Die Suppe auf Teller verteilen und mit den Traubenhälften und Minzeblättern garnieren.

Für 4 Portionen
200 g Glasnudeln
2 kleine, getrocknete Chilischoten
4 Schalotten
2 Hühnerbrüste
1 l Hühnerbrühe
3 El frisch gehackter Koriander
3 El frisch gehackter Ingwer
abgeriebene Schale von
1 unbehandelten Zitrone
400 ml Kokosmilch
4 El Fischsauce
5 El Zitronensaft
100 g weiße Trauben
Minzeblätter zum Garnieren

Zubereitungszeit 20 Minuten
(plus Zeit zum Einweichen und Kochen)
Pro Portion ca. 224 kcal/940 kJ
21 g E · 1 g F · 29 g KH

Glasnudeln, Koriander, Chili und Ingwer sind typische Zutaten aus der **asiatischen Küche**, ebenso wie die Kokosmilch und die Fischsauce aus diesem Rezept. In Verbindung mit den Trauben ergibt sich eine gelungene Verschmelzung europäischer und asiatischer Kochkunst, wie sie unter anderem in der australischen Küche zum Ausdruck kommt.

Känguruschwanzsuppe

Für 4 Portionen
1,5 kg Känguruschwanz
1 Kalbshaxe
2 Zwiebeln
2 Karotten
1 Petersilienwurzel
1 Stangensellerie
1 El Butter
1 El Pflanzenöl
2 frische Thymianzweige
1 Lorbeerblatt
60 ml Portwein
60 ml Cognac
Salz, Pfeffer

Zubereitungszeit ca. 40 Minuten
(plus Zeit zum Garen und Durchziehen)
Pro Portion ca. 260 kcal/1092 kJ
45 g E · 3 g F · 7 g KH

Känguruschwanzsuppe
Den Känguruschwanz waschen, trockentupfen und in Stücke schneiden. Die Kalbshaxe waschen, trockentupfen und in 3 cm dicke Scheiben schneiden. Die Zwiebeln, die Karotten und die Petersilienwurzel schälen, den Sellerie putzen und waschen und das gesamte Gemüse in Würfel schneiden.

Die Butter und das Öl in einem Topf erhitzen und die Fleischstücke darin anbraten. Die Gemüsewürfel zugeben und etwa 6 Minuten mitbraten. Die Thymianzweige mit dem Lorbeerblatt zusammenbinden und mit Portwein und Cognac in den Topf geben. Die Mischung abgedeckt etwa 15 Minuten bei niedriger Temperatur schmoren.

Dann 1,5 l Wasser angießen und mit Salz und Pfeffer würzen. Die Suppe nun ohne Deckel etwa 2 Stunden köcheln, bis das Fleisch weich ist. Das Fleisch aus der Suppe nehmen, die restliche Brühe durch ein Sieb gießen und anschließend auf 750 ml einkochen. Abkühlen lassen und das Fett an der Oberfläche entfernen.

Das Fleisch von den Knochen lösen, in mundgerechte Stücke schneiden und in die Brühe geben. Die Suppe über Nacht im Kühlschrank durchziehen lassen. Dann erhitzen und servieren.

Kängurufleisch ist wesentlich cholesterinarmer als Fleisch von Rindern und Schweinen und daher als Alternative zu den herkömmlichen Fleischsorten zu empfehlen. In Australien wird es zu Braten, Würsten und Schinken verarbeitet und auch gerne zum beliebten Barbecue-Grillen genommen. Statt des Känguruschwanzes kann man auch einen Ochsenschwanz für diese Suppe verwenden.

Frische Tomatensuppe mit Avocado

Frische Tomatensuppe mit Avocado

Die Zwiebeln und den Knoblauch schälen und fein hacken. Die Chilischote putzen, waschen, entkernen und in dünne Ringe schneiden. Die Tomaten waschen, von den Stielansätzen befreien und in Würfel schneiden.

Das Olivenöl in einer Pfanne erhitzen und die Zwiebeln mit dem Knoblauch darin unter Rühren anschwitzen. Nach etwa 10 Minuten die Chiliringe und den Zucker hinzufügen und mitschwitzen. Dann die Tomatenwürfel und die Brühe zugeben und gut verrühren.

Die Suppe etwa 30 Minuten köcheln, bis die Tomaten weich sind. Den Topf vom Herd nehmen und abkühlen lassen. Dann die Suppe durch ein Sieb passieren und würzen.

Die Avocado schälen, halbieren, vom Stein befreien und das Fruchtfleisch in dünne Scheiben schneiden. Die Tomatensuppe warm oder kalt mit Avocadoscheiben dekoriert servieren. Dazu frisches Weißbrot reichen.

Für 4 Portionen
2 rote Zwiebeln
1 Knoblauchzehe
½ frische rote Chilischote
850 g Tomaten
2 El Olivenöl
1 Tl Zucker
375 ml Gemüsebrühe
Salz, Pfeffer
1 reife Avocado

Zubereitungszeit: ca. 30 Minuten
(plus Garzeit)
Pro Portion ca. 191 kcal/802 kJ
3 g E · 16 g F · 7 g KH

FLEISCHBRÜHE MIT KÜRBIS UND RICOTTARAVIOLI

FLEISCHBRÜHE MIT SPINAT UND FLEISCHRAVIOLI

GEMÜSEBRÜHE MIT TOMATEN UND SPINATRAVIOLI

GEMÜSEBRÜHE MIT ZUCCHINI UND KÜRBISRAVIOLI

HÜHNERBRÜHE MIT KÜRBIS UND HÜHNCHENRAVIOLI

HÜHNERBRÜHE MIT GRÜNEM SPARGEL UND GARNELENRAVIOLI

Fleischbrühe mit Kürbis und Garnelenravioli

Für 4 Portionen
12 mittelgroße Garnelen*
250 g Mehl
3 Eier, 1 Eigelb
6 El Olivenöl
1 Tl frisch gehackte Petersilie
Salz, Pfeffer
100 g Lauch*
1 Stangensellerie*
1 rote Zwiebel*
2 Knoblauchzehen*
500 g Kürbisfleisch (Butternuss)*
250 ml Weißwein*
1 l Rinderbrühe*
2 Lorbeerblätter
1 Sternanis
1 Prise gemahlener Safran
100 g gewürfeltes gemischtes Gemüse*
100 g frischer Lachs*

Zubereitungszeit: ca. 40 Minuten (plus Dünst- und Garzeit)
Pro Portion ca. 537 kcal/2255 kJ
31 g E · 15 g F · 57 g KH

Fleischbrühe mit Kürbis und Garnelenravioli

Die Garnelen in kochendem Salzwasser garen, dann das Fleisch aus den Schalen lösen und beiseite stellen. Aus Mehl, Eiern, Eigelb, 2 El Olivenöl, 2 El Wasser, Petersilie, Salz und Pfeffer einen Ravioliteig herstellen, in Folie wickeln und beiseite stellen.

Den Lauch und den Sellerie putzen, waschen und klein schneiden. Die Zwiebel und den Knoblauch schälen und hacken, den Kürbis würfeln. 3 El Öl in einem Topf erhitzen und die Garnelenschalen mit dem Gemüse darin unter Rühren etwa 10 Minuten andünsten. Dann Wein, Brühe und Gewürze zugeben und etwa 20 Minuten bei geringer Temperatur köcheln. Die Brühe durch ein Sieb gießen und beiseite stellen.

Das restliche Öl erhitzen und das gewürfelte Gemüse und acht gehackte Garnelen darin etwa 30 Sekunden anbraten. Herausnehmen und mit dem gehackten Lachs mischen. Die Füllung in acht Portionen teilen.

Den Ravioliteig dünn ausrollen und in zwei Rechtecke von 20 x 15 cm schneiden. Die Füllung in gleichmäßigen Abständen auf einem Teigstück verteilen. Das zweite Teigstück darüber legen und um die Füllungen herum gut andrücken. Nun die Ravioli ausschneiden und in kochendem Salzwasser garen.

Die Brühe erhitzen und jeweils mit zwei Ravioli und einer ganzen Garnele auf Teller verteilen.

* Die mit einem Sternchen versehenen Zutaten können ausgetauscht werden. Gewürze und Kräuter je nach Belieben.

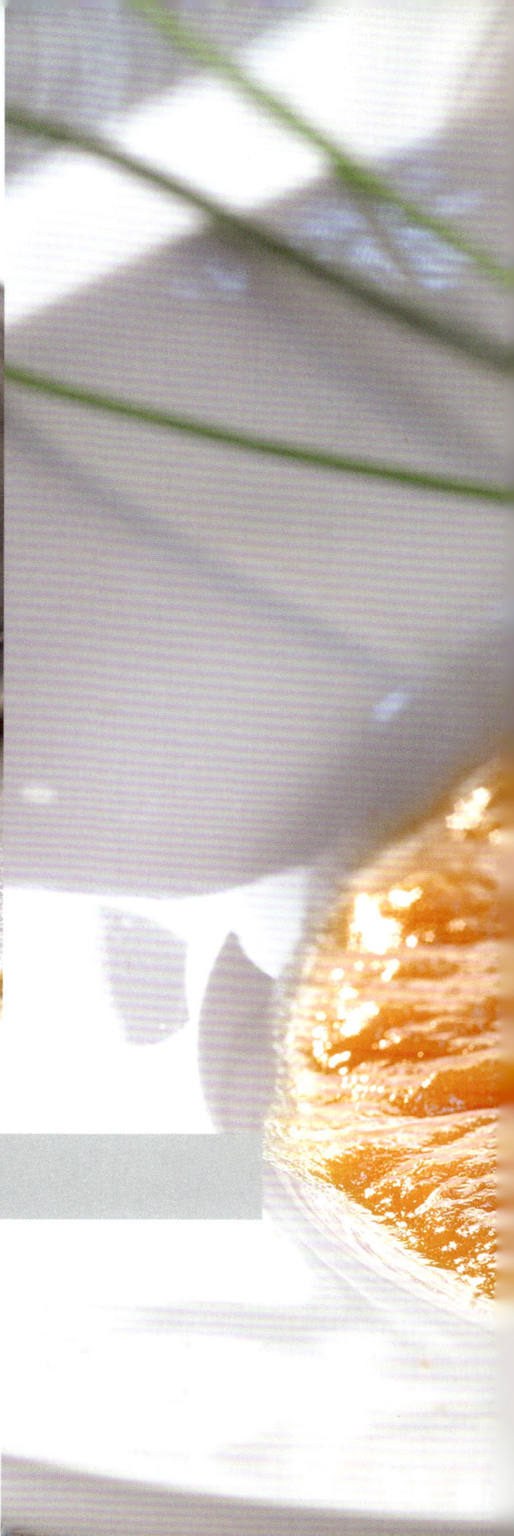

Süßkartoffelsuppe mit Muskat

Süßkartoffelsuppe mit Muskat
Die Zwiebel schälen und hacken. Die Süßkartoffeln waschen, schälen und würfeln. Den Apfel schälen, vom Kerngehäuse befreien und in Spalten schneiden.

Für 4 Portionen
1 Zwiebel
1 kg Süßkartoffeln
1 Apfel
2 El Pflanzenöl
1 l Gemüsebrühe
Salz, Pfeffer
frisch gemahlene Muskatnuss
4 El frisch gehackte Petersilie
4 El Croûtons

Zubereitungszeit: ca. 20 Minuten (plus Garzeit)
Pro Portion ca. 345 kcal/1449 kJ
4 g E · 6 g F · 65 g KH

Das Öl in einem Topf erhitzen und die Zwiebel darin glasig dünsten. Nach und nach die Süßkartoffeln, die Apfelspalten und die Gemüsebrühe hinzufügen und mit Salz, Pfeffer und Muskatnuss würzen.

Die Suppe ohne Deckel etwa 30 Minuten köcheln, dann pürieren. Mit gehackter Petersilie und Croûtons servieren.

Süßkartoffeln oder Bataten stammen ursprünglich aus Mittelamerika, gehören aber nicht zu der Familie der Kartoffeln, sondern zu den Windengewächsen, was sich an ihren Blüten zeigt. Es gibt verschiedene Süßkartoffel-Arten mit unterschiedlichen Formen und Farben. Die neuseeländische Art der Süßkartoffel heißt Kumara und wurde von den Maori aus ihrer Heimat Polynesien bei der Besiedelung Neuseelands mitgebracht. Heute werden die vitaminreichen Knollen zu Kumara-Chips (eine Art Pommes Frites) verarbeitet, in Suppen und gebacken als Beilage zu Fleisch und Geflügel verwendet.

Schnittlauch ist der schlankste Vertreter der Zwiebelgewächse. Die schmalen grünen Halme mit der hübschen rosafarbenen Blüte werden gerne zum Verfeinern von Suppen, Salaten, Dips und Mayonnaisen genommen. Sein asiatischer Verwandter, der chinesische Schnittlauch, ist geschmacklich intensiver.

Galliano ist ein Likör aus 70 verschiedenen Kräutern und Gewürzen, der dazu ein leichtes Vanillearoma hat. Seine Heimat ist Italien, seinen Namen hat er vom italienischen Major Giuseppe Galliano. Der Likör wird auch gerne in Drinks verwendet.

Für 4 Portionen
1 Zwiebel
1 Karotte
100 g Butter
2 cl Galliano
1 Tl Currypulver
2 Tl Zitronensaft
50 g Butter
50 g Mehl
250 ml Milch
2 El Austernsauce
350 g gekochtes Muschelfleisch
Milch nach Bedarf
2 El frischer Schnittlauch
4 El geschlagene Sahne

Zubereitungszeit: ca. 30 Minuten (plus Dünst- und Garzeit)
Pro Portion ca. 365 kcal/1533 kJ
12 g E · 27 g F · 17 g KH

Muschelsuppe mit Galliano

Muschelsuppe mit Galliano
Die Zwiebel und die Karotte schälen und würfeln. Die Butter in einem Topf schmelzen und die Zwiebel darin andünsten. Die Karotte in kochendem Wasser etwa 5 Minuten garen, dann abgießen und zur Zwiebel geben. Galliano, Currypulver und Zitronensaft zugeben und alles 5 Minuten köcheln.

Für die Sauce aus Butter und Mehl eine Mehlschwitze herstellen und mit der Milch ablöschen. Unter Rühren eine sämige Sauce bereiten und zur Zwiebel-Karotten-Mischung geben. Mit Austernsauce abschmecken.

Das Muschelfleisch in Scheiben schneiden, zur Suppe geben und etwa 15 Minuten bei geringer Temperatur köcheln. Nach Bedarf noch Milch in die Suppe geben. Mit Schnittlauch und geschlagener Sahne servieren.

Gemüse und Salate

Fast möchte man vom Land der unbegrenzten Möglichkeiten sprechen, wenn es um Gemüse in Australien geht.

Das Land, das sich über mehrere Klimazonen erstreckt und über viel fruchtbares Land verfügt, kann sich über Mangel an Gemüse- und Salatsorten nicht beklagen. Was nicht schon hier wuchs, wurde von den Siedlern mitgebracht, nach vielen Fehlversuchen letztendlich doch erfolgreich kultiviert und ist mittlerweile heimisch geworden. Sei es die italienische Zucchini oder der chinesische Senfkohl, der Fenchel oder der Sellerie – Australier waren noch vor wenigen Jahrzehnten keine Freunde des Gemüseanbaus und -verzehrs. Die Hauptnahrung bestand aus Fleisch und Fisch. In den letzten Jahren hat sich diese Haltung dank anderer Lebens- und Ernährungsgewohnheiten geändert. Und mit Hilfe der unterschiedlichen Länderküchen und ihrer Zubereitungsarten haben auch die Gemüse Einzug in die gehobene Restaurantszene gehalten. Von der Artischocke bis zur Zucchini, vom Kürbis bis zur Pastinake, vom Friséesalat bis zum Rucola – es fehlt keine Gemüse- und Salatart auf den Speisekarten und in den Küchen.

Gemüse und Salate

Auch in Neuseeland, das ebenso wie die große Nachbarinsel mehrere Klimazonen auf seiner Süd- und Nordinsel hat, herrscht kein Mangel an Gemüsesorten.

Und auch hier haben die Menschen den Gesundheitswert schätzen gelernt, den Gemüse hat. Viele Rezepte und Zubereitungsarten haben die Maori mit ins Land gebracht, andere stammen aus den Kochbüchern fremder Kulturen, die mittlerweile hier heimisch geworden sind.

Dank der unterschiedlichen Klimazonen in beiden Ländern haben Gemüse und Salate fast das ganze Jahr über Saison. Entsprechend findet man auch das ganze Jahr über leckere Gemüse- und Salatzubereitungen als Bestandteil eines kleines Lunchs oder Snacks zwischendurch. In Verbindung mit Meeresfrüchten, Fleisch oder Geflügel, Obst, Gemüse, Nüssen und Käse bieten sich sehr schmackhafte Salatrezepte an, die durch fantasievolle Dressings, zum Beispiel mit Manukahonig, frischen Kräutern oder Obstsäften, den geschmacklichen Pfiff erhalten.

Aus Gemüse sind außerdem pikante Dips, würzige Saucen, scharfe Salsas und exotisch inspirierte Chutneys entstanden. Sie allein schon machen das Essen zu einem besonderen Geschmackserlebnis.

WARMER FISCHSALAT MIT
TAMARILLO UND WACHTELEIERN

WARMER FISCHSALAT MIT
ZUCCHINI UND WACHTELEIERN

WARMER FISCHSALAT MIT LACHS,
FENCHELSTREIFEN UND HÜHNEREIE

WARMER FISCHSALAT MIT MARLIN, KAROTTEN UND SPARGEL

WARMER FISCHSALAT MIT RED SNAPPER, GRÜNEN BOHNEN UND CHERRYTOMATEN

WARMER FISCHSALAT MIT WOLFSBARSCH UND GEHACKTEM STRAUßENEI

Warmer Fischsalat mit Tomaten und Wachteleiern

Für 4 Portionen
1 Lollo rosso*, 4 Kartoffeln*
16 Cherryomaten*
16 Wachteleier*
2 Salatgurken*
je 1/2 rote, grüne und gelbe Paprikaschote*
800 g Schwertfisch*
400 ml Sojasauce*
100 ml Olivenöl*
4 El Weißweinessig*
4 El Kapern*
1 Bund frisch gehacktes Basilikum, Salz, Pfeffer

Zubereitungszeit: ca. 30 Minuten (plus Zeit zum Marinieren, Gar- und Bratzeit)
Pro Portion ca. 542 kcal/2276 kJ
51 g E · 27 g F · 20 g KH

2006 Clos Marguerite Sauvignon Blanc Marlborough, Neuseeland

Neuseeland ist der Newcomer schlechthin bei trockenem weißem Sauvignon. Diese Traubensorte, für die ein langsamer, gleichmäßiger Reifeprozess hilfreich ist, gedeiht nämlich in kühlem Klima am besten. Die kühle, aber sonnenreiche Region Marlborough auf der neuseeländischen Südinsel hat sich aufgrund der Qualität und der einmaligen Aromen ihres Sauvignon einen Spitzenruf erworben. Zitrusfrüchte, Spargel und Mango – im Clos Marguerite sind alle Aromen enthalten. Kräftiges, reines Aroma eines typischen Neuseeland-Sauvignon mit frischen Zitrusnoten. Geschmack frisch-sauer, aromatisch und lang anhaltend.

Warmer Fischsalat mit Tomaten und Wachteleiern

Den Salat verlesen, waschen und trockenschütteln. Die Kartoffeln waschen, in kochendem Wasser etwa 20 Minuten garen, abgießen und auskühlen lassen. Dann schälen und in Würfel schneiden.

Die Cherrytomaten waschen, von den Stielansätzen befreien und vierteln. Die Wachteleier hart kochen, abschrecken, pellen und halbieren. Die Salatgurken schälen und in dünne Scheiben schneiden. Die Paprikaschoten putzen, waschen, entkernen und in dünne Streifen schneiden.

Den Fisch in vier Scheiben schneiden und 20 Minuten in der Sojasauce marinieren. 2 El Olivenöl erhitzen und die Fischscheiben darin von beiden Seiten etwa 3 Minuten braten.

Aus den restlichen Zutaten ein Dressing bereiten. Die Salatblätter auf Tellern anrichten. Das Gemüse und die Wachteleier darüber verteilen und in die Mitte je eine Fischscheibe legen. Mit dem Dressing übergießen.

* Die mit einem Sternchen versehenen Zutaten können ausgetauscht werden. Gewürze und Kräuter je nach Belieben.

Putenbrustsalat mit Tamarillo und Mango

Putenbrustsalat mit Tamarillo und Mango

Die Tamarillos waschen, von den Stielansätzen befreien, in kochendem Salzwasser etwa 5 Minuten blanchieren, dann abgießen, abtropfen lassen, schälen und in Scheiben schneiden. Die Mangos schälen, halbieren, den Stein entfernen und das Fruchtfleisch würfeln.

Die Chicoréestauden und die Salate putzen, waschen, trockenschütteln und in einzelne Blätter zupfen. Die Hälfte der Salate auf vier Teller verteilen.

Für die Salatsauce Essig, Öl, Pfeffer und Salz miteinander verrühren. Etwas Salatsauce auf die Salatblätter geben. Darauf die Früchte und die Putenbrustscheiben verteilen. Mit Salatblättern abdecken und das restliche Dressing darüber träufeln. Mit gerösteten Nusskernen bestreuen.

Für 4 Portionen
4 Tamarillos
2 Mangos
2 Chicorée
2 Radicchio
1 Friséesalat
120 ml Traubenkernöl
3 El Sherryessig
Salz, Pfeffer
250 g geräucherte Putenbrust in Scheiben
4 El geröstete, gehackte gemischte Kerne

Zubereitungszeit: ca. 30 Minuten
(plus Zeit zum Blanchieren und Rösten)
Pro Portion ca. 307 kcal/1289 kJ
18 g E · 15 g F · 22 g KH

Tamarillo ist die Frucht eines strauchartigen Baumes, weshalb sie auch als Baumtomate bekannt ist. Sie gehört wie Tomaten, Paprika, Kartoffeln und Auberginen zu den Nachtschattengewächsen. Die Tamarillo ist etwa eigroß, ihre Schale schmeckt bitter, weshalb sie vor dem Zubereiten geschält werden sollte. Wichtigster Produzent von Tamarillos ist Neuseeland.

Milawa-Blue ist der weltweit bekannte Blauschimmelkäse aus Milawa im australischen Bundesstaat Victoria. Der Käse aus Kuhmilch reift etwa 8 bis 12 Wochen. Er hat eine feine, weiche und butterartige Konsistenz, die mit Blauschimmel durchzogen ist und auf der Zunge zergeht. Sein Geschmack wird als pflanzenartig mit einem Hauch von Bitterschokolade beschrieben.

Für 4 Portionen
500 g junger Spinat
200 g geräucherter Lachs
100 g Haselnüsse
100 g Milawa-Blauschimmelkäse
2 El Balsamessig
6 El Olivenöl, 1 Tl Dijon-Senf
Salz, Pfeffer
1/2 Bund frisch gehackte glatte Petersilie

Zubereitungszeit: ca. 20 Minuten (plus Röstzeit)
Pro Portion ca. 390 kcal/1638 kJ
21 g E · 31 g F · 4 g KH

Spinatsalat mit Milawa-Blauschimmelkäse

Spinatsalat mit Milawa-Blauschimmelkäse
Den Spinat verlesen, putzen, waschen und gut trockenschütteln. Große Blätter zerkleinern. Den Lachs in kleine Stücke schneiden. Die Haselnüsse in einer Pfanne ohne Fett rösten und hacken. Den Käse in kleine Würfel schneiden.

Den Essig mit Öl, Senf und den Gewürzen zu einem Dressing verrühren. Die Spinatblätter auf Teller verteilen. Darauf jeweils Fisch, Haselnüsse und Käse geben und mit Petersilie bestreuen. Das Dressing darüber träufeln und sofort servieren. Dazu frisches Brot reichen.

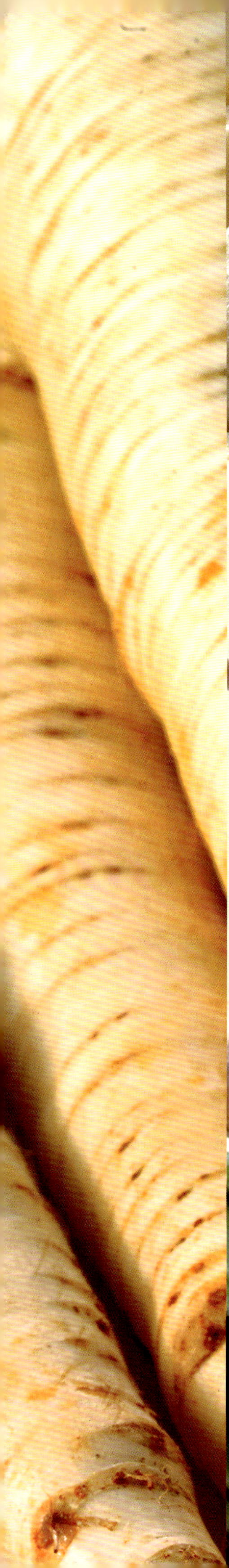

Geröstete Pastinaken mit Joghurtcreme

Die Pastinaken waschen, schälen und in mundgerechte Stücke schneiden. Mit dem Öl beträufeln, mit Thymian bestreuen und mit Salz und Pfeffer würzen. Die Pastinakenwürfel in einer Pfanne bissfest braten. Dann herausnehmen und warm stellen.

Für die Joghurtcreme die Knoblauchzehe schälen und mit dem grob zerkleinerten Schafskäse im Mixer pürieren. Den Joghurt mit Olivenöl, Zitronensaft, Salz und Pfeffer zugeben und alles zu einer homogenen Masse verrühren. Mit Cayennepfeffer pikant bis scharf abschmecken.

Die Creme mit den warmen Pastinaken servieren.

Für 4 bis 6 Portionen
4–6 Pastinaken
1 El Sesamöl
1 El frisch gehackter Thymian
Salz, Pfeffer, 1 Knoblauchzehe
350 g Feta
600 g cremiger Joghurt
2 El Olivenöl
Saft von 1 Zitrone
½ Tl Cayennepfeffer

Zubereitungszeit: ca. 30 Minuten (plus Garzeit)
Pro Portion ca. 210 kcal/882 kJ
11 g E · 16 g F · 3 g KH

Geröstete Pastinaken mit Joghurtcreme

Pastinaken sind etwa 15 bis 30 cm lange Wurzeln, die ähnlich wie weiße Rüben aussehen. Der Geschmack dagegen erinnert mehr an Haselnüsse. Süßer schmeckt das kohlenhydratreiche Fruchtfleisch, wenn es vor der Ernte Frost abbekommen hat. Ihren Einzug in Australien hat die Wurzel wahrscheinlich mit den Siedlern aus dem Mittelmeerraum gehalten.

Gefüllter Kürbis mit Kokosnuss

Für 4 Portionen
4 kleine Kürbisse
2 Bananen
100 g Ananas
2 Schalotten
3 El Olivenöl mit Orangenaroma
1 Knoblauchzehe
2 cm Ingwerwurzel
400 ml Kokosmilch
Salz, Pfeffer

Zubereitungszeit: ca. 40 Minuten (plus Gar- und Backzeit)
Pro Portion ca. 151 kcal/634 kJ
3 g E · 1 g F · 31 g KH

Gefüllter Kürbis mit Kokosnuss
Die Kürbisse in kochendem Wasser etwa 8 Minuten garen, dann herausnehmen und schälen. Halbieren und die Kerne entfernen.

Die Bananen schälen und in Scheiben, die Ananas schälen und in Stücke schneiden. Das Obst in die Kürbisse füllen und diese in eine Auflaufform setzen. Den Backofen auf 180 °C (Umluft 160 °C) vorheizen.

Die Schalotten schälen und fein hacken. Mit dem Orangenöl übergießen. Den Knoblauch und den Ingwer schälen und beide in sehr dünne Scheiben schneiden. Zu den Schalotten geben. Die Schalotten-Gewürz-Mischung mit der Kokosmilch in einem Topf erhitzen und etwa 10 Minuten köcheln. Mit Salz und Pfeffer abschmecken.

Die Sauce über die Kürbisse geben und diese im Ofen etwa 20 Minuten weich backen. Die Kürbisse aus der Form nehmen und die Sauce etwas einkochen. Erneut abschmecken und zu den Kürbissen servieren. Als Vorspeise oder Beilage zu Fleisch und Geflügel geeignet.

Kürbisse findet man in Australien und Neuseeland mittlerweile in jedem Gemüseladen, obwohl sie kein einheimisches Gemüse sind. Inzwischen werden australische Kürbisse in Queensland angebaut und zu so ansprechenden Gerichten wie oben verarbeitet. Auch als Zutat in Pumpkin-Scones finden sie großen Zuspruch. Die vielen Kürbisarten werden in Winter- und Sommersorten unterschieden, wobei Winterkürbisse kohlehydratreicher sind.

Hähnchensalat mit Tomatenjelly

Hähnchensalat mit Tomatenjelly

Die Tomaten waschen, von den Stielansätzen befreien und sehr fein hacken. In ein Sieb geben und den Saft in eine Schüssel tropfen lassen. 500 ml vom Saft in einem Topf erhitzen, den Zucker einrühren und mit Salz abschmecken. Die gemahlene Gelatine unterrühren, bis sie ganz aufgelöst ist. Die Masse in sechs Förmchen füllen und für etwa 5 Stunden zum Festwerden in den Kühlschrank stellen.

Das Hähnchenfleisch in mundgerechte Stücke schneiden. Die Selleriestange putzen, waschen und in dünne Ringe schneiden. Die Sahne mit Zitronensaft und -schale verrühren und beiseite stellen, bis sie durch den Zitronensaft dick geworden ist. Anschließend den Kerbel, Salz und Pfeffer in die Sahne einrühren und das Dressing mit dem Hähnchenfleisch und dem Sellerie vermischen.

Das Tomatenjelly aus den Förmchen auf sechs Teller stürzen. Den Hähnchensalat dekorativ darum herum arrangieren und mit schwarzen Oliven dekorieren.

Für 6 Portionen
1 kg reife Tomaten
2 Tl Zucker, Salz
3 Tl Gelatinepulver
800 g gekochtes Hähnchenfleisch
1 Selleriestange
100 g Sahne
Saft und abgeriebene Schale von 1 Zitrone
3 El frisch gehackter Kerbel
Pfeffer, 50 g schwarze Oliven

Zubereitungszeit: ca. 40 Minuten (plus Zeit zum Abtropfen, Festwerden und Andicken)
Pro Portion ca. 251 kcal/1054 kJ
33 g E · 9 g F · 7 g KH

Tipp

Wenn sich im Tomatensaft noch Fasern von Fruchtfleisch befinden, setzen sie sich beim Festwerden vom klaren Saft ab. Daher sollte das Jelly während des Gelierens öfter umgerührt werden, damit eine gleichmäßige Farbe entsteht.

SALAT MIT GURKE, PAPAYA
UND MINZE

SALAT MIT ZUCCHINI, KAROTTEN
UND KERBEL

SALAT MIT SELLERIE, ANANAS
UND PETERSILIE

SALAT MIT ROTEN, GRÜNEN UND GELBEN PAPRIKA, SESAM UND BASILIKUM

SALAT MIT FENCHEL, APFEL UND CASHEWKERNEN

SALAT MIT LAUCH, ORANGEN UND MACADAMIANÜSSEN

Salat mit Palmzuckervinaigrette

Für 4 Portionen
1 Schlangengurke*
1 Mango*
2 El frisch gehackte Minze*
2 El frisch gehackter Koriander*
2 El Erdnüsse*

Für die Palmzuckervinaigrette:
1 Knoblauchzehe
2 Korianderwurzeln oder
2 Korianderzweige
1 Tl Meersalz
3 El Palmzucker
2 Tl Sherryessig
5 Tl Rotweinessig
80 ml Olivenöl
Pfeffer

Zubereitungszeit: ca. 40 Minuten
(plus Zeit zum Wasserziehen und Kochen)
Pro Portion ca. 145 kcal/609 kJ
1 g E · 12 g F · 5 g KH

Salat mit Palmzuckervinaigrette
Die Gurke schälen, halbieren und die Kerne entfernen. Die Gurke mit Salz bestreuen und zum Wasserziehen 15 Minuten beiseite stellen. Die Mango schälen, halbieren, den Stein entfernen und in dünne Streifen schneiden.

Die Gurke abtropfen lassen, waschen, trockentupfen und in dünne Scheiben schneiden. Die Obst- und Gemüsestreifen auf Küchenpapier legen, um die Feuchtigkeit aufzusaugen. Kurz vor dem Servieren mit den Kräutern und gerösteten Erdnüssen mischen.

Für die Vinaigrette den Knoblauch und die Korianderwurzel schälen und hacken. (Die Korianderzweige zerkleinern.) Im Mörser mit dem Meersalz zu einer feinen Paste verarbeiten.

Den Palmzucker in einem Topf unter Rühren karamellisieren lassen. Den Sherryessig zugeben und 2 Minuten köcheln, dabei rühren. Abkühlen lassen. Die Mischung mit der Knoblauch-Koriander-Paste verrühren, den Weinessig zugeben und langsam das Öl hineintropfen lassen. Das Dressing pfeffern und durch ein Sieb streichen.

Das Dressing über den Salat geben und sofort servieren. Auch als Beilage zu Geflügelgerichten geeignet. Das Dressing kann auch als Dip verwendet werden.

* Die mit einem Sternchen versehenen Zutaten können ausgetauscht werden. Gewürze und Kräuter je nach Belieben.

Das Risotto ist ein typisches Mitbringsel italienischer Einwanderer auf den fünften Kontinent. Die Besonderheiten dieses in Norditalien beheimateten Gerichtes sind einmal die speziell hierfür verwendeten Reissorten sowie die Zubereitungsart, die manchen etwas aufwendig erscheint. Denn der in Fett angedünstete Reis sollte die Flüssigkeit nicht auf einmal, sondern nach und nach aufnehmen, bis er so viel Stärke abgegeben hat, dass er äußerlich weich und cremig, innerlich aber noch bissfest ist. Während des Garens muss der Reis außerdem ständig umgerührt werden. Am besten sind hierfür die Sorten Arborio, Vialone und Carnaroli geeignet. Zum Verfeinern des Risottos können fast alle Gemüsesorten verwendet werden. Besonders fein ist ein Pilzrisotto oder wie hier ein Spinatrisotto mit würziger Sauce.

Spinatrisotto mit würziger Pflaumensauce

Spinatrisotto mit würziger Pflaumensauce

Für die Pflaumensauce die Pflaumen waschen und entsteinen, dabei den Saft auffangen und beiseite stellen. Das Fruchtfleisch im Mixer pürieren. Eine Zwiebel schälen, die Chilis putzen, waschen, entkernen und beides fein hacken.

1 El Butter in einem Topf erhitzen, die Zwiebel und die Chilis darin unter Rühren andünsten. Den aufgefangenen Pflaumensaft zugeben und anschließend das Pflaumenpüree unterrühren. Die Mischung aufkochen und vom Herd nehmen.

Die Hühnerbrühe erhitzen. Den Spinat verlesen, putzen, waschen und fein hacken. Die zweite Zwiebel schälen und hacken.

Die restliche Butter in einem Topf erhitzen, die Zwiebel darin glasig dünsten. Den Reis waschen, abtropfen lassen und in den Topf geben. So lange rühren, bis er vollständig mit Fett überzogen ist. Nun nach und nach immer etwa eine Schöpfkelle heiße Hühnerbrühe zugeben und rühren, bis der Reis die Flüssigkeit aufgesogen hat. Diesen Vorgang wiederholen, bis der Reis weich und cremig ist. Mit Salz und Pfeffer abschmecken. Zuletzt den gehackten Spinat unterheben.

Das Risotto mit der Pflaumensauce als Vorspeise oder als Beilage zu Fleisch servieren.

Für 4 Portionen
450 g Pflaumen
2 Zwiebeln
2 kleine rote Chilischoten
2 El Butter
700 ml Hühnerbrühe
400 g Spinat
400 g Arborioreis
Salz, Pfeffer

Zubereitungszeit: ca. 30 Minuten (plus Dünst- und Kochzeit)
Pro Portion ca. 467 kcal/1961 kJ
10 g E · 5 g F · 92 g KH

Spinat ist ein Blattgemüse, das ursprünglich ıus Persien stammt. Die jungen, dunkelgrü-ıen Blätter der Pflanze werden geerntet, be-vor sie zu blühen beginnt. Das Gemüse wird zur Zubereitung nur kurz blanchiert, kann ıber auch roh gegessen werden. In Australi-n gibt es eine Spinatart, den australischen Spinat, der jedoch bei den Einheimischen wenig Beachtung findet und heute mehr in Großbritannien angebaut wird. Bekannt ist liese dickfleischige Sorte auch als Neusee-andspinat (New Zealand Spinach).

'ür die würzige **Pflaumensauce** sind am besten die dicken Hauspflaumen oder Zwetschgen geeignet. Auch die runden, oten japanischen Pflaumen haben ein aftiges und süßes Fruchtfleisch.

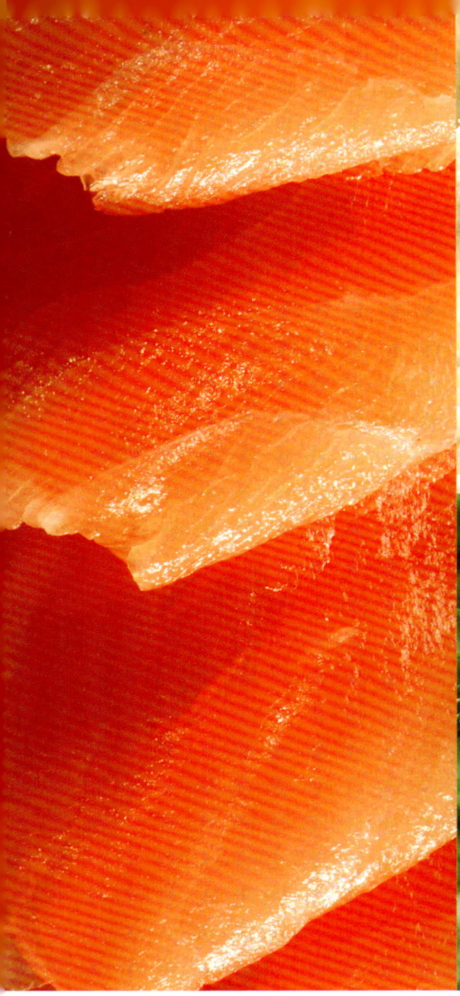

2006 Rosemount Road White
Rosemount Estate, Australien

Nach dem Prinzip des so genannten „Multi-District-Blending" treffen hier Chardonnay, Verdelho und Sauvignon Blanc aufeinander und verleihen diesem Weißen einen noch komplexeren und markanteren Rebsortencharakter. Großartige Harmonie der drei Rebsorten mit vielschichtigen Fruchtaromen von exotischen Guaven und frischen Feigen vor pikanten Noten von Zitrusfrucht und frisch geschnittenem Gras. Am Gaumen frisch und elegant mit mittlerem Körper, wunderschöne Balance der Rebsortenaromen mit saftigen Noten von Tropenfrüchten, Pink Grapefruit, Limone und Stachelbeeren vor feinen, leicht grasigen Noten.

Für 4 bis 6 Portionen	ca. 250 g gemischte Salatblätter
250 g saure Sahne	1/2 Bund gemischte Kräuter
250 g Frischkäse oder Ricotta	1 Avocado, 2 EL Weißweinessig
200 g Räucherlachs	5 EL Walnussöl, 2 EL Orangensaft
1 Tl frisch gehackter Dill	
1/4 Tl gemahlene Muskatnuss	
1 Tl Zitronensaft, Salz, Pfeffer	
1 Tl Gelatinepulver	

Zubereitungszeit: ca. 30 Minuten
(plus Zeit zum Festwerden)
Pro Portion ca. 330 kcal/1386 kJ
13 g E · 29 g F · 3 g KH

Bunter Salat mit Räucherlachstimbale

Bunter Salat mit Räucherlachstimbale

Die saure Sahne mit dem Frischkäse und dem Lachs mischen und im Mixer pürieren. Dill, Muskatnuss und Zitronensaft zugeben, würzen und die in etwas Wasser aufgelöste Gelatine unterrühren. Die Masse in sechs Timbale-Förmchen füllen und im Kühlschrank fest werden lassen.

Die Salatblätter waschen, trockenschütteln und auf Tellern anrichten. Die Kräuter waschen, trockenschütteln und hacken. Über den Salat geben. In die Mitte der Teller die Lachstimbale stürzen.

Die Avocado schälen, halbieren, den Stein entfernen und das Fruchtfleisch in Spalten schneiden. Dekorativ um die Timbale herum arrangieren. Mit einer süßsauren Vinaigrette aus Essig, Salz, Pfeffer, Nussöl und Orangensaft beträufeln.

Sommersalat mit Truthahn

Die Truthahnbrust säubern, waschen und trockentupfen. Mit der Zimtstange, den Pfefferkörnern, zwei halbierten Orangen, den Lorbeerblättern und den Nelken in einen Topf geben, mit Wasser bedecken und etwa 40 Minuten garen. Das Fleisch in der Brühe abkühlen lassen.

Den Löwenzahn bzw. den Rucola verlesen, putzen, waschen und trockenschütteln, die Korianderblätter abzupfen, waschen und trocknen. Die Orange filetieren, die Zwiebel schälen und in dünne Ringe schneiden.

Die abgekühlte Truthahnbrust aus der Brühe nehmen und in Scheiben schneiden. Auf Tellern anrichten. Löwenzahn bzw. Rucola, Orangenfilets und Zwiebelringe darauf verteilen.

Aus den restlichen Zutaten ein Dressing bereiten und über den Salat geben. Mit Korianderblättern und Orangenzesten garnieren.

Sommersalat mit Truthahn

Für 4 Portionen
300 g Truthahnbrust
1 Zimtstange
6 Pfefferkörner
3 unbehandelte Orangen
2 Lorbeerblätter
2 Gewürznelken
1 Bund junger Löwenzahn oder
200 g Rucola
1 Zweig Koriander
1 rote Zwiebel
100 ml Olivenöl
Saft von 1/2 Orange,
1 El körniger Senf
4 El Cidreessig
Salz, Pfeffer
1 Tl Manukahonig

Zubereitungszeit: ca. 30 Minuten
(plus Zeit zum Garen und Abkühlen)
Pro Portion ca. 405 kcal/1701 kJ
23 g E · 25 g F · 18 g KH

Manukahonig wird aus den Blüten des neuseeländischen Manukastrauches gewonnen, einer Myrtenart. Aufgrund seiner besonderen Inhaltsstoffe wird dem Honig eine hohe gesundheitliche Wirkung nachgesagt, wie auch dem Manukastrauch selbst.

Polenta mit gebratenen Auberginen

Für 4 Portionen
500 g Auberginen
Salz, 250 ml Milch
125 ml Olivenöl
4 El frisch gehacktes Basilikum
100 g Mozzarella in Scheiben
75 g rote Paprikawürfel
75 g Gurkenwürfel
1 Tl frisch gehackter Oregano

Für die Polenta:
125 g Polenta (Maisgrieß)
500 ml Milch
1 Knoblauchzehe
2 Tl frisch geriebener Parmesan
4 Eigelb

Für die Tomatensalsa:
1 Zwiebel
4 El Olivenöl
2 El Currypulver
1 Tl Chilipulver
500 g eingeweichte getrocknete Tomaten
250 g brauner Zucker
200 ml Rotweinessig
Salz, Pfeffer

Zubereitungszeit: ca. 40 Minuten (plus Zeit zum Kochen, Ziehen, Weichen, Brat- und Backzeit)
Pro Portion ca. 802 kcal/3368 kJ
20 g E · 40 g F · 86 g KH

Polenta mit gebratenen Auberginen
Für die Polenta das Mehl mit der Milch und dem gehackten Knoblauch in einem Topf aufkochen und etwa 10 Minuten unter Rühren köcheln. Den Käse unterrühren und die Masse 10 Minuten abkühlen lassen. Die Eigelbe verquirlen und unterheben. Die Polenta etwa 1 cm dick auf ein gefettetes Backblech streichen und abkühlen lassen.

Für die Tomatensalsa die Zwiebel schälen, hacken und im heißen Öl glasig dünsten. Die Gewürze hinzufügen und mitdünsten. Die abgetropften und gehackten Tomaten sowie den Zucker und den Essig zufügen und alles zu einem dicken Brei kochen. Mit Salz und Pfeffer abschmecken.

Die Auberginen waschen, putzen und in 1 cm dicke Scheiben schneiden. Mit Salz einreiben und etwa 30 Minuten ziehen lassen, dann abspülen und 10 Minuten in der Milch einweichen. Die Auberginenscheiben trockentupfen und in 6 El heißem Olivenöl von beiden Seiten goldbraun braten.

Den Backofen auf 180 °C (Umluft 160 °C) vorheizen. Die Polenta in Kreise von der Größe der Auberginenscheiben schneiden. Nun jeweils eine Polentascheibe auf ein Backblech setzen, 1 El Tomatensalsa darüber geben und eine Auberginenscheibe darauf legen. Mit gehacktem Basilikum bestreuen. Darauf eine Scheibe Mozzarella legen, mit etwas Tomatensalsa abschließen. Mehrere solcher Türmchen aufschichten und im Ofen backen, bis der Käse geschmolzen ist.

Die Gemüsewürfel im restlichen Olivenöl andünsten und mit Oregano bestreuen. Zu den Auberginentürmchen servieren.

Die **Polenta** haben die Australier ebenfalls den italienischen Einwanderern zu verdanken. Der feste Brei aus Maisgrieß hat eine lange Kochtradition in Italien, der Schweiz und einigen osteuropäischen Ländern. Zu Anfang wurde die Polenta auch aus Hirse, Dinkel oder Kichererbsenmehl hergestellt, heute teilweise noch aus Kastanienmehl. Die fertigen Maisgrießschnitten werden in Fett knusprig gebraten und als Beilage serviert.

Salat mit Hühnerbrust und Linsen

Salat mit Hühnerbrust und Linsen

Die Linsen waschen und in reichlich Wasser über Nacht einweichen. Die Zwiebel und die Karotte schälen und würfeln. Die Linsen abgießen und in leicht gesalzenem Wasser mit den Zwiebel- und Karottenwürfeln sowie dem Lorbeerblatt etwa 30 Minuten garen.

Die Hühnerbrust waschen, trockentupfen und in vier gleichgroße Stücke schneiden. Den Knoblauch schälen und eine große Schale damit ausreiben. Dann den Knoblauch hacken. Nelkenpfeffer, Muskatnuss, Nelken und Zimt mischen. Die Hähnchenbrustscheiben in die Schale legen und mit der Gewürzmischung bestreuen. Etwa 3 Stunden durchziehen lassen.

Für 4 Portionen
250 g braune Linsen
1 Zwiebel
1 Karotte
1 Lorbeerblatt
Salz
600 g Hühnerbrust
1 Knoblauchzehe
3 Tl Nelkenpfeffer
1/2 Tl gemahlene Muskatnuss
1 Tl Nelkenpulver
2 Tl gemahlener Zimt
300 ml Olivenöl
5 Thymianzweige
1 Stangensellerie
3 Schalotten
1 Bund Basilikum
Pfeffer
abgeriebene Schale von
2 unbehandelten Zitronen
3 El frisch gehackte Petersilie

Für das Dressing:
4 Tl Gemüsebrühe
100 g Crème fraîche
120 ml Olivenöl
2 Tl Zitronensaft
Salz, Pfeffer

Zubereitungszeit: ca. 30 Minuten
(plus Zeit zum Durchziehen, Gar- und Bratzeit)
Pro Portion ca. 950 kcal/3990 kJ
53 g E · 62 g F · 44 g KH

Das Olivenöl in einer Pfanne erhitzen. Die Hühnerbrüste mit dem gehackten Knoblauch und den Thymianzweigen darin etwa 20 Minuten braten, nicht braun werden lassen. Im Fett abkühlen lassen, dann in dünne Scheiben schneiden.

Den Stangensellerie putzen, waschen und in 3 cm lange, dünne Streifen schneiden. Die Schalotten schälen und hacken. Die Basilikumblätter in Streifen schneiden.

Das Dressing zubereiten. Den Sellerie mit den abgekühlten Linsen mischen und mit dem Dressing überziehen. Den Linsensalat auf Tellern anrichten und darauf die Basilikumstreifen und die Hähnchenscheiben legen. Mit Pfeffer würzen und mit Zitronenschale, Schalotten und Petersilie dekorieren.

ZWIEBELRÖLLCHEN MIT SCHIN-KEN-KÄSE-FÜLLUNG

ROTE ZWIEBELRÖLLCHEN MIT HÄHNCHEN-SÜẞKARTOFFEL-FÜLLUNG

ZWIEBELRÖLLCHEN MIT THUN-FISCH-EI-FÜLLUNG

ROTE ZWIEBELRÖLLCHEN MIT SCHAFSKÄSE-OLIVEN-FÜLLUNG

ZWIEBELRÖLLCHEN MIT GARNELEN-PILZ-FÜLLUNG

ZWIEBELRÖLLCHEN MIT SPINAT-SCHINKEN-FÜLLUNG

Zwiebelröllchen mit Schinken-Pilz-Füllung

Für 4 Portionen
4 Gemüsezwiebeln
175 g Schinkenspeck*
400 g Champignons*
3 El frisch gehackte Petersilie*
Salz, Pfeffer
2 El Olivenöl
150 ml Hühnerbrühe*
5 Rosmarinzweige*
Fett für die Form

Zubereitungszeit: ca. 30 Minuten (plus Gar- und Backzeit)
Pro Portion ca. 191 kcal/802 kJ
15 g E · 9 g F · 9 g KH

Zwiebelröllchen mit Schinken-Pilz-Füllung

Den Backofen auf 180 °C (Umluft 160 °C) vorheizen. Eine Auflaufform einfetten. Die Zwiebeln schälen und in kochendem Wasser etwa 15 Minuten garen. Abgießen und etwas abkühlen lassen.

Die Zwiebeln längs einschneiden, die äußeren vier Schichten voneinander lösen und mit der Öffnung nach oben auf eine Arbeitsplatte legen. Restliche Zwiebeln fein hacken.

Den Schinkenspeck würfeln. Die Pilze putzen, feucht abreiben und hacken. Mit Schinkenspeck, gehackten Zwiebeln, Petersilie, Salz und Pfeffer nach Geschmack vermischen und auf die Zwiebelschichten verteilen.

Die Zwiebeln zusammenrollen und mit Küchengarn festbinden. In die Auflaufform legen und mit dem Olivenöl und der Hühnerbrühe übergießen. Die Rosmarinzweige dazwischen legen. Die Form mit Alufolie abdecken und im Ofen etwa 15 Minuten backen.

* Die mit einem Sternchen versehenen Zutaten können ausgetauscht werden. Gewürze und Kräuter je nach Belieben.

Mango-Langusten-Salat

Mango-Langusten-Salat

Die Petersilienwurzel, die Zwiebel und die Karotte schälen und würfeln. Den Stangensellerie putzen, waschen und ebenfalls in Würfel schneiden. Mit dem Weißwein, 250 ml Wasser, Lorbeerblatt, Pfefferkörnern und 1/2 Tl Salz in einem Topf aufkochen.

Die Langustenschwänze waschen und trockentupfen. In die Brühe geben und garen, bis sich die Schalen rot färben. Dann aus der Flüssigkeit nehmen und abkühlen lassen.

Inzwischen die restlichen Zutaten bis auf die Mangos zu einem Dressing verrühren und mit Salz und Pfeffer würzen. Die Mangos schälen, halbieren, den Stein entfernen und das Fleisch in Spalten schneiden. Die Langustenschwänze aus den Schalen lösen und in Scheiben schneiden.

Die Mangospalten auf Tellern arrangieren, darauf die Langustenscheiben legen und mit dem Dressing beträufeln.

Für 4 Portionen
1 Petersilienwurzel
1 Zwiebel
1 Karotte
1/2 Stangensellerie
250 ml trockener Weißwein
1 Lorbeerblatt
4 Pfefferkörner, Salz
500 g rohe Langustenschwänze mit Schale
2 El Weißweinessig
120 ml Olivenöl
1 gehackte Knoblauchzehe
2 El frisch gehackter Zitronenthymian, Pfeffer
2 Mangos

Zubereitungszeit: ca. 20 Minuten (plus Garzeit)
Pro Portion ca. 360 kcal/1512 kJ
28 g E · 17 g F · 15 g KH

Petersilienwurzeln zählen wie Pastinaken, Karotten und Knollensellerie zu den Wurzelgemüsen. Zusammen mit Karotten, Sellerie und Lauch bildet die Petersilienwurzel eine Zutat des Suppengemüses. Sie reift im Winter und ist dann frisch erhältlich. Petersilienwurzeln werden wie Möhren und Pastinaken geschält und anschließend gegart. Das Grün kann zum Würzen verwendet werden.

Sowohl in Australien wie in Neuseeland findet man für einen Salat mit **Schalentieren** eine Auswahl wie sonst kaum. Neben Garnelen, Scampi und Langusten gibt es vor allem in Neuseeland den Neuseeländischen Kaisergranat, der geschmacklich seinen bekannteren Verwandten in nichts nachsteht. In südaustralischen Gewässern findet man die Australische Languste. Als Süßwasseralternative zu den Schalentieren bieten sich Yabbies an, die kleinen australischen Krebse mit sehr schmackhaftem Fleisch.

Bohnen findet man in Australien in vielen verschiedenen Sorten. Die beliebtesten sind weiße Bohnen, braune Bohnen, Lima-Bohnen, japanische Adzuki- oder Aduki-Bohnen und die roten Kidney-Bohnen, ebenso die italienischen Borlotti-Bohnen. Die Bohnensamen kamen mit den Einwanderern übers Meer nach Australien. Besonders schmackhaft sind die frisch gepalten Bohnenkerne.

Für 4 Portionen
400 g frische braune Bohnen
7 Tomaten
2 El Balsamessig
1 El Rotweinessig
100 ml Olivenöl
Salz, Pfeffer
2 El frisch gehackter Koriander

Zubereitungszeit: ca. 20 Minuten (plus Zeit zum Garen und Durchziehen)
Pro Portion ca. 164 kcal/688 kJ
3 g E · 13 g F · 7 g KH

Tomaten-Bohnen-Salat

Tomaten-Bohnen-Salat
Die Bohnen palen und in einem Topf mit kochendem Wasser etwa 35 Minuten garen. Dann abgießen, abtropfen lassen und in eine Schüssel geben.

Die Tomaten kreuzweise einritzen und mit kochendem Wasser übergießen. Stielsansätze, Häute und Kerne entfernen und das Tomatenfruchtfleisch in Würfel schneiden. Zu den Bohnen geben.

Aus den restlichen Zutaten ein Dressing bereiten über den Salat träufeln. Gut durchmischen und 30 Minuten ziehen lassen. Mit frischem Brot oder pikanten Muffins servieren.

Chayote gehören zu den Kürbisfrüchten und stammen ursprünglich aus Südamerika, wo sie bereits bei den Azteken bekannt waren. Daher stammt auch ihr Name. Im Deutschen nennt man sie auch „Christofine". Heute wird die Frucht in tropischen und subtropischen Gebieten angebaut. Die etwa 10 bis 20 cm große Frucht ähnelt einer Birne, ebenso ihre hell- bis dunkelgrüne Schale, die zwar essbar ist, aber beim Kochen nicht weich wird. Wird die Frucht roh gegessen, sollte sie geschält werden. Das Fruchtfleisch ist sehr wasserreich und schmeckt bissfest gegart am besten. Der Kern kann ebenfalls gegessen werden. Chayote enthalten viel Kalium und etwas Vitamin C.

Chayote mit Tofu

Die Chayoten waschen, halbieren und die Kerne entfernen. Die Schnittflächen aneinanderreiben und das austretende weiße Harz mit einem Messer abschaben. Die Chayoten schälen und in Würfel schneiden. Mit Salz bestreuen und einige Minuten ruhen lassen. Dann abwaschen und trockentupfen.

Den Tofu in 2 cm große Würfel schneiden. Das Öl in einem hohen Topf oder Wok erhitzen und den Tofu darin in etwa 5 Minuten goldbraun braten. Auf Küchenpapier abtropfen lassen. Das Öl bis auf 1 El aus dem Topf oder Wok entfernen.

Die Chilis putzen, waschen, entkernen und würfeln. Die Zwiebel und die Knoblauchzehe schälen und hacken bzw. in dünne Scheiben schneiden. Chilis, Zwiebel, Knoblauch, Nüsse, Koriander und Kaffirlimettenblatt im Mixer mit 3 El Brühe zu einer Paste pürieren. Im heißen Öl im Topf unter Rühren einige Minuten dünsten. Zucker, Ingwer und Kurkuma zugeben und weitere 3 Minuten dünsten. Dann vom Herd nehmen.

Die Frühlingszwiebeln putzen, waschen und hacken. Die Chayotenwürfel in der restlichen kochenden Gemüsebrühe etwa 5 Minuten köcheln. Dann Tofu, Kokoscreme, Würzmischung und Frühlingszwiebeln hinzufügen und mit Salz und Pfeffer abschmecken. Die Mischung gut durchrühren und 5 Minuten weiterköcheln. Mit Brot oder Reis servieren.

Chayote mit Tofu

Für 4 bis 6 Portionen
500 g Chayoten oder Kohlrabi
Salz
500 g Tofu
400 ml Sesamöl
2 rote Chilischoten
1 Zwiebel
1 Knoblauchzehe
2 gehackte Macadamianüsse
1/8 Tl zerstoßener Koriander
1 Kaffirlimettenblatt
500 ml Gemüsebrühe
1/2 Tl brauner Zucker
1/2 Tl frisch geriebener Ingwer
1/4 Tl gemahlener Kurkuma
3 Frühlingszwiebeln
375 ml Kokosmilch
Pfeffer

Zubereitungszeit: ca. 30 Minuten
(plus Zeit zum Ruhen, Brat- und Garzeit)
Pro Portion ca. 455 kcal/1911 kJ
16 g E · 38 g F · 10 g KH

Fisch und Meeresfrüchte

Fische und Meeresfrüchte gehörten mit zu den wenigen Dingen, die bereits da waren, als die ersten Siedler ins Land kamen.

Denn vor Australiens insgesamt 30 000 km langen Küsten gab es Fische, Hummer, Langusten, Garnelen und Krabben in Hülle und Fülle. Die Langusten Ostaustraliens sind mit fast 8 kg die größten der Welt. Die bekanntesten Meeresfische sind Snapper, Barramundi, Merlan, Kingfish, Malloway und Blaufisch (Australian Herring), wobei die Bezeichnungen der Fische von Bundesstaat zu Bundesstaat variieren, sodass zum Beispiel in Queensland ein ganz anderer Fisch als Butterfish bezeichnet wird als in New South Wales.

Besonders beliebt auf den Speisekarten sind der Atlantik-Thunfisch, der in den Gewässern vor Tasmanien vorkommt, der Rote Thunfisch sowie einige Krebse und Muscheln. Drei schmackhafte Austernarten hat Australien zu bieten, dazu verschiedene Muschelarten, zum Beispiel die Quahog und Kammmuscheln, sowie Schnecken wie die Abalone, die zu den Meerohren zählt und so flach wie eine Muschel ist. Außerdem gibt es verschiedene Krabbenarten, wie die Mangrovenkrabben oder die Pazifischen Schwimmkrabben.

Fisch und Meeresfrüchte

In den Süßwassergewässern leben Welse, Barsche und der Murray Cod, der bis zu 100 kg schwer werden kann und zu den teuersten Fischen Australiens zählt.

Sein gemustertes Fleisch ist vor allem bei Asiaten sehr geschätzt. Dazu kommen zahlreiche Krebsarten, darunter Flusskrebse wie der bekannte Yabby oder der Black Marron.

Auch die Küsten Neuseelands sind sehr fisch- und meeresfrüchtereich. An der Ostküste findet man statt Pommes-Frites-Buden Imbiss-Wagen mit der Aufschrift „Fresh Lobster" (frischer Hummer).

Die meisten Fischarten sowie Garnelen, Austern und Abalone werden jedoch in Aquakulturen gezüchtet, um die frei lebenden Bestände nicht zu gefährden und Beeinträchtigungen wie Krankheiten und schlechte Wetterverhältnisse auszuschließen.

Beim Spaziergang auf dem Fischmarkt in Sydney kann man die unterschiedlichen Fischarten, Hummer, Langusten, Krebse und auch alle Arten von Kalmaren und Oktopoden eingehend studieren und natürlich auch fangfrisch kaufen.

GEBACKENER LACHS MIT KRÄUTERN UND GARNELEN

GEBACKENER LACHS MIT TOMATENSALSA UND BASILIKUM

GEBACKENER LACHS MIT SPINAT UND MOZZARELLA

GEBACKENER WOLFSBARSCH MIT SCHINKEN UND AUSTERNPILZEN

GEBACKENER THUNFISCH MIT OLIVEN, PAPRIKA UND ZUCCHINI

GEBACKENER RED SNAPPER MIT FENCHEL, KAROTTEN UND SCHINKEN

Gebackener Atlantiklachs mit Schinken

Für 4 bis 6 Portionen
5 große Kartoffeln*
Salz, Pfeffer
6 El Olivenöl
1 rote Zwiebel*
1 Karotte*
½ Selleriestange*
200 g Champignons*
50 g Rinderschinken*
Saft von ½ Zitrone*
125 ml Weißwein*
1 kg tasmanischer Atlantiklachs ohne Haut und Gräten*
Fett für das Blech und die Folie

Zubereitungszeit: ca. 40 Minuten (plus Back- und Garzeit)
Pro Portion ca. 381 kcal/1600 kJ
36 g E · 15 g F · 21 g KH

Gebackener Atlantiklachs mit Schinken
Den Backofen auf 200 °C (Umluft 180 °C) vorheizen. Die Kartoffeln waschen, schälen und in dünne Scheiben schneiden. Die Kartoffelscheiben auf ein eingefettetes Backblech legen. Mit Salz und Pfeffer würzen und 4 El Olivenöl darüber träufeln. Die Kartoffelscheiben im Ofen etwa 30 Minuten backen, bis sie knusprig und goldbraun sind.

Die Zwiebel und die Karotte schälen, die Zwiebel hacken, die Karotte in dünne Scheiben schneiden. Den Sellerie putzen, waschen und in Ringe schneiden. Die Pilze putzen, feucht abreiben und in Scheiben schneiden. Den Schinken hacken.

Das restliche Olivenöl in einer Pfanne erhitzen und die Zwiebel mit dem Gemüse darin unter Rühren anschwitzen. Pilze, Schinkenwürfel und Zitronensaft hinzufügen und die Mischung einige Minuten schmoren, bis die Flüssigkeit verkocht ist. Dann den Wein angießen, aufkochen und die Flüssigkeit einkochen lassen. Mit Salz und Pfeffer abschmecken.

Den Lachs waschen und trockentupfen. Auf ein Stück gefettete Alufolie legen und mit der Gemüsemischung bedecken. Die Folie schließen und den Fisch im Ofen etwa 20 Minuten backen. Das Päckchen öffnen, den Fisch in der Folie vorsichtig in sechs Teile schneiden und mit Gemüse und Kartoffelchips servieren.

* Die mit einem Sternchen versehenen Zutaten können ausgetauscht werden. Gewürze und Kräuter je nach Belieben.

2006 Villa Maria Cellar Selection
Sauvignon Blanc
Villa Maria Estate, Neuseeland

Die Trauben für die Sauvignon Blanc Cellar-Selection stammen aus den Wairau und Awatere Valleys in Marlborough. Um ihre ursprüngliche, aromatische Frucht und Frische zu bewahren, werden die Trauben in den kühlen Nachtstunden gelesen. In diesem Wein im glänzenden Strohgelb mit grünlich leuchtenden Reflexen dominieren üppige Aromen von reifen Limonen und Stachelbeeren, daneben werden Noten von Tropenfrüchten, Litschis und Anklänge an Brennnesseln spürbar. Am Gaumen vollmundig mit konzentrierter Frucht, auch im Finale viel lebendige Frische und eine rassige Säure, exzellente Länge.

Gegrillte Jakobsmuscheln mit Kräutersauce

Gegrillte Jakobsmuscheln mit Kräutersauce
Für die Sauce die Mandeln und die Pinienkerne in einer Pfanne ohne Fett rösten und grob hacken. Die Knoblauchzehe schälen. Die Kräuter waschen, trockenschütteln und die Blätter von den Stängeln zupfen. Alle Zutaten für die Kräutersauce im Mixer zu einer cremigen Paste pürieren.

Den Backofengrill vorheizen. Die Jakobsmuscheln auf ein Grillblech setzen. Die Butter schmelzen, die Knoblauchzehe schälen und hineinpressen. Über den Muscheln verteilen und unter dem Grill 2 bis 3 Minuten grillen. Anschließend auf Teller verteilen, Gemüsestreifen unter die Muscheln legen und dann mit der Kräutersauce überziehen. Sofort servieren.

Reste von der Kräutersauce können bis zu 5 Tage im Kühlschrank aufbewahrt werden.

Für 4 bis 6 Portionen
24 gesäuberte Jakobsmuscheln in der halben Schale
25 g Butter
1 Knoblauchzehe
6 El Gemüsejulienne (Karotten, Zucchini, Lauch)

Für die Kräutersauce:
100 g Mandeln
100 g Pinienkerne
1 Knoblauchzehe
2 Bund glatte Petersilie
1/4 Bund Basilikum
3/4 Tl Salz
100 ml Olivenöl
50 g saurer Fruchtsaft

Zubereitungszeit: ca. 20 Minuten (plus Röst- und Grillzeit)
Pro Portion ca. 456 kcal/1915 kJ
29 g E · 31 g F · 15 g KH

Jakobsmuscheln (Scallops), die auch Pilgermuscheln heißen, zählen zu den Kammmuscheln. Ihre Schalen sind strahlenförmig gerippt, die Innenseite ist weiß und porzellanartig. Durch Auf- und Zuklappen können sich die Muscheln frei im Meer bewegen. Dadurch unterscheiden sie sich in ihren Lebensgewohnheiten von anderen Muschelarten. Es gibt unterschiedliche Jakobsmuschelarten, von denen einige nur in Europa vorkommen, andere hingegen vor Amerikas, Australiens und Japans Küsten.

Zum **Öffnen** einer Kammmuscheln muss der Schließmuskel an der flachen Innenseite der Muschel durchschnitten werden. Die Schale kann dann geöffnet und das Muschelfleisch gelöst werden. Das helle Muskelfleisch ist sehr schmackhaft, ebenso der rote Rogen, Corail genannt.

2005 Koonunga Hill
Sémillon Chardonnay
Penfolds, Australien

Sémillon, die Hauptrebsorte der großen weißen Bordeaux, sorgt in dieser Cuvée für Frische und Eleganz. Ergänzt durch den Chardonnay, der reife Aromatik, Körper und Fülle mitbringt, erfreut der hellgelbe Wein mit leicht grünlichen Reflexen durch seinen Duft nach tropischen Früchten, Zitrus und Grapefruit, unterlegt vom angenehm fülligen Körper des Chardonnay mit interessantem Säurespiel im Abgang.

Für 4 Portionen
je 2 Tl abgeriebene Schale von unbehandelten Zitronen und Orangen
1 El Meersalz, 2 El Zucker
1 El zerstoßener schwarzer Pfeffer
400 g Thunfischsteak
400 g Spaghettini oder asiatische Engelshaarnudeln
3 getrocknete Tomaten in Öl
2 El Wasserkresseblätter
1 El Olivenöl
6 El Salsa Verde

Für das Olivendressing:
4 getrocknete Tomaten
8 schwarze Oliven
2 Thymianzweige
1 Rosmarinzweig
3 El Balsamessig
75 ml Olivenöl
Salz, Pfeffer

Zubereitungszeit: ca. 30 Minuten (plus Zeit zum Marinieren und Garen)
Pro Portion ca. 595 kcal/2499 kJ
29 g E · 21 g F · 70 g KH

Thunfisch mit Spaghettini und Olivendressing

Thunfisch mit Spaghettini und Olivendressing

Den Zitrusabrieb mit Salz, Zucker und Pfeffer mischen. Den Thunfisch waschen, trockentupfen und mit der Würzmischung gut einreiben. Etwa 4 Stunden marinieren.

Die Spaghettini bzw. Engelshaarnudeln nach Packungsanweisung in kochendem Salzwasser garen. Die getrockneten Tomaten in dünne Streifen schneiden. Die Wasserkresse waschen und trockenschütteln.

Für das Dressing die getrockneten Tomaten würfeln, die Oliven entsteinen und hacken. Die Thymianblätter und die Rosmarinnadeln von den Stängeln zupfen und fein hacken. Alle Dressingzutaten in einer Schüssel miteinander mischen.

Den Thunfisch abspülen und trockentupfen. Das Olivenöl in einer Pfanne erhitzen und den Thunfisch darin von beiden Seiten nur einige Sekunden braten, dann herausnehmen und kühl stellen.

Zum Servieren die Tomaten und die Wasserkresse auf Teller geben. Die Spaghettini in die Mitte setzen und mit etwas Olivendressing überziehen. Den Thunfisch in Scheiben schneiden und um die Pasta herum legen. Mit jeweils etwas Salsa Verde bedecken. Das restliche Dressing auf den Tellern verteilen.

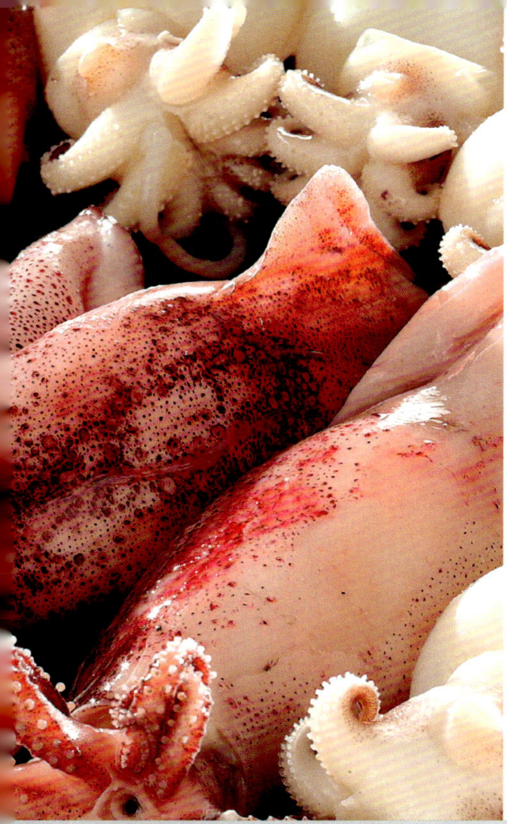

Gefüllter Tintenfisch mit Curry-Aioli

Die Tintenfischtuben säubern und waschen. Anschließend in kochendem Wasser für einige Minuten blanchieren, abgießen und in kaltem Wasser abschrecken. Trockentupfen und beiseite stellen.

Die Kumara waschen und in leicht gesalzenem Wasser etwa 10 Minuten bissfest garen. Abgießen, leicht abkühlen lassen, schälen und in 1 cm große Würfel schneiden. Das Muschelfleisch hacken. Die Frühlingszwiebeln putzen, waschen und in Ringe schneiden.

Den Backofen auf 200 °C (Umluft 180 °C) vorheizen. Alle Zutaten außer den Tintenfischen und dem Öl vermischen und mit Pfeffer abschmecken. 15 Minuten durchziehen lassen. Nun die Tintenfischtuben mit der Mischung füllen. Die Enden der Tuben mit Zahnstochern verschließen. Die Tintenfische mit dem Olivenöl einstreichen und im Backofen etwa 8 Minuten backen, dann 3 Minuten ruhen lassen.

Für die Curry-Aioli alle Zutaten außer dem Öl mit einem Schneebesen verquirlen. Das Öl bei unter kräftigem Rühren langsam dazugießen, bis eine cremige Mayonnaise entsteht. Kühl stellen.

Die Tintenfischtuben in Scheiben schneiden und auf Tellern anrichten. Die Curry-Aioli dazu reichen. Mit Ofenkartoffeln oder Reis servieren.

Gefüllter Tintenfisch mit Curry-Aioli

Für 4 Portionen
4 mittelgroße Tintenfischtuben
1 große Kumara (Süßkartoffel)
Salz
500 g gekochtes Muschelfleisch
1 Frühlingszwiebel
2 El frisch gehackte Petersilie
1 El Fischsauce
75 g frisch geriebener Parmesan
abgeriebene Schale und Saft von
1 unbehandelten Limette
Pfeffer, 1 El Olivenöl

Für die Curry-Aioli:
1 Eigelb, 1 El Mirin
1 El Reisweinessig
1 Tl grüne Currypaste
1 Tl Dijonsenf
1/2 Tl Fischsauce
200 ml Pflanzenöl, Pfeffer

Zubereitungszeit: ca. 30 Minuten
(plus Gar- und Backzeit)
Pro Portion ca. 530 kcal/2226 kJ
43 g E · 36 g F · 8 g KH

Kammmuscheln mit Spinat und Pasta

Für 4 Portionen
250 ml Weißwein
24 neuseeländische Kammmuscheln
450 g Spaghetti
6 Scheiben Frühstücksspeck
3 Knoblauchzehen
250 g junger Spinat
1 rote Chilischote
2 El Olivenöl
1 El abgeriebene Schale von 1 unbehandelten Zitrone
2 El Kapern
4 El Zitronensaft
Salz, Pfeffer
100 g Feta

Zubereitungszeit: ca. 30 Minuten (plus Gar- und Dünstzeit)
Pro Portion ca. 787 kcal/3305 kJ
54 g E · 18 g F · 87 g KH

Kammmuscheln mit Spinat und Pasta
Den Wein in einem Topf zum Kochen bringen. Die Muscheln gut waschen und abbürsten und im Wein bei geschlossenem Deckel etwa 4 Minuten dämpfen, bis die Schalen sich öffnen. Die Muscheln abgießen und abkühlen lassen, geschlossene Schalen wegwerfen.

Die Spaghetti nach Packungsanweisung bissfest garen, dann abgießen und abtropfen lassen. Den Speck in Streifen schneiden, die Knoblauchzehen schälen und hacken. Den Spinat verlesen, waschen, trockenschütteln und in Streifen schneiden. Die Chilischote putzen, waschen, entkernen und in Ringe schneiden.

Das Öl in einer Pfanne erhitzen und die Speckstreifen darin knusprig braten. Knoblauch, Chili, Zitronenschale und abgetropfte Kapern zugeben und mitdünsten. Nun Spinat, Spaghetti und Zitronensaft in die Pfanne geben und alles gut vermischen. Mit Salz und Pfeffer würzen.

Die oberen Schalenhälften der Muscheln entfernen und die Muscheln mit den unteren Schalenhälfte zum Pfanneninhalt geben und erhitzen. Die Mischung auf Teller verteilen und mit zerbröckeltem Feta bestreuen.

In Neuseeland gibt es etwa 10 verschiedene Arten von **Kammmuscheln**. Die großen Sorten heißen New Zealand oder Nelson Scallop, die kleinen werden Queen Scallop genannt. Diese Muschelart ist die verbreitetste und international bekannteste Muschelart Neuseelands. Sie wird mittlerweile in Aquakulturen gezüchtet. Die größte Kammmuschel ist die Common Scallop mit 8 bis 12 cm großen Schalen, wohingegen die Queen Scallop etwa 6 cm groß ist. Ihre Schalen sind leicht gewellt.

Gebackene Muscheln mit Paprikacreme

Gebackene Muscheln mit Paprikacreme

Für die Paprikacreme die Paprika waschen und mit den Knoblauchzehen mit Schale im 180 °C (Umluft 160 °C) heißen Backofen rösten. Wenn die Knoblauchzehen weich sind, herausnehmen und in einer Schüssel zerdrücken. Die Paprikaschote weiterrösten, bis die Haut Blasen wirft und bräunt. Dann in einer verschlossenen Plastiktüte leicht abkühlen lassen.

Die Haut und die Kerne entfernen und die Paprikaschote klein schneiden, mit der Knoblauchmasse im Mixer pürieren, dann Eigelb und Senf unterrühren. Unter Rühren die beiden Ölsorten in feinem Strahl zugießen und eine mayonnaiseartige Creme herstellen, mit Salz und Pfeffer abschmecken.

Für das Dressing die Zwiebel schälen und sehr fein hacken. Mit den restlichen Dressingzutaten verrühren, salzen und pfeffern und beiseite stellen.

Die Jakobsmuscheln säubern und trockentupfen. Den Knoblauch schälen und hacken. Das Öl in einer Pfanne erhitzen, die Muscheln mit dem Knoblauch darin kurz anschwitzen und würzen. Die Salatblätter putzen, waschen und trockenschütteln.

Den Salat auf Teller verteilen. Mit dem Dressing überziehen. Die Muscheln darauf legen und mit Paprikacreme bedecken. Nach Belieben Croûtons über den Salat streuen.

Für 4 Portionen
Für die Paprikacreme:
1 rote Paprikaschote
3 Knoblauchzehen
1 Eigelb, 1 1/2 Tl körniger Senf
3 El Olivenöl
3 El Sonnenblumenöl
Salz, Pfeffer

Für das Salatdressing:
1 Zwiebel, 1/2 Tl körniger Senf
1/2 Tl Zucker, 3 El Olivenöl
3 El Chardonnay

24 Jakobsmuscheln ohne Schale
1 Knoblauchzehe
2 El Olivenöl, Salz, Pfeffer
100 g gemischter Salat
Croûtons

Zubereitungszeit: ca. 40 Minuten
(plus Röst- und Schmorzeit)
Pro Portion ca. 367 kcal/1541 kJ
35 g E · 15 g F · 20 g KH

2006 Chardonnay
Diamond Label
Rosemount Estate, Australien

Die Diamonds sind modern und raffiniert und die perfekten Botschafter des charakteristischen fruchtbetonten „easy-drinking"-Stils, der die Rosemount-Weine so genussvoll verführerisch macht. Dieser Chardonnay leuchtet strohgelb im Glas und gibt sich mit seinen Aromen von saftig-süßen Cantaloup-Melonen, Limetten und etwas Honig delikat und fruchtbetont. Ein klassischer Diamond-Label-Chardonnay, mit großzügigen, reifen Fruchtaromen und wunderschöner Textur, sehr aromatisch mit lang anhaltendem Finale.

GEBACKENER SEEHECHT IN SAFRANBUTTER

GEBACKENER SEEHECHT IN KNOBLAUCHBUTTER

GEBACKENER SCHWERTFISCH MIT ORANGENBUTTER

GEBACKENER THUNFISCH
MIT KRÄUTERBUTTER

GEBACKENER BARRAMUNDI
MIT CHILIBUTTER

GEBACKENE DORADE MIT
INGWER-KORIANDER-BUTTER

Gebackener Seehecht in Balsamicobutter

Für 4 Portionen
Zesten von 2 Zitronen und 3 Orangen*
4 Seehechtfilets à 250 g*
Salz, Pfeffer
2 El Sonnenblumenöl*

Für die Balsamicobutter:
Saft von 1 Zitrone*
einige Spritzer Worcestersauce*
50 g Butter
einige Spritzer Balsamessig*

einige Dillzweige zum Garnieren

Zubereitungszeit: ca. 30 Minuten
(plus Zeit zum Trocknen, Back- und Kochzeit)
Pro Portion ca. 350 kcal/1470 kJ
43 g E · 19 g F · 1 g KH

Gebackener Seehecht in Balsamicobutter
Die Zesten bis auf wenige Stücke auf ein Backblech legen und im Ofen bei 60 °C (Umluft 40 °C) etwa 1 Stunde lang trocknen. Abkühlen lassen und im Mixer oder der Kaffeemühle fein mahlen.

Den Backofen auf 180 °C (Umluft 160 °C) vorheizen. Die Fischstücke waschen, trockentupfen und im Zitruspulver wenden. Mit Salz und Pfeffer würzen. Die restlichen Zesten an der Oberfläche der Fischstücke festdrücken. Das Öl in einer Pfanne erhitzen und die Fischstücke auf der Seite mit den Zesten 20 Sekunden braten, dann wenden und die andere Seite kurz braten. In eine Form geben und im Ofen 10 Minuten fertig garen.

Für die Balsamicobutter den Zitronensaft erwärmen und die Worcestersauce einrühren. Nun nach und nach die Butter zugeben und dabei die Pfanne schütteln. Sie darf nicht zu heiß werden. Die Butter unter weiterem Schütteln der Pfanne schmelzen und andicken lassen. Zuletzt den Essig zugeben und die Pfanne vom Herd nehmen.

Etwas Balsamicobutter auf die vorgewärmten Teller geben und darauf die Fischstücke legen. Mit frischem Dill dekorieren und dazu Wildreis reichen.

* Die mit einem Sternchen versehenen Zutaten können ausgetauscht werden. Gewürze und Kräuter je nach Belieben.

Die eigentliche Heimat der **Kiwis** oder Chinesischen Stachelbeere, wie sie lange Zeit hieß, ist China. Erst im Jahr 1906 kam die Frucht mit der pelzigen Schale nach Neuseeland. Dort wurden Kiwis in großem Stil gezüchtet, und Neuseeland hatte lange Zeit das Monopol des Kiwianbaus. In den 1950er Jahren wurde die Chinesische Stachelbeere nach dem in Neuseeland beheimateten flügellosen Vogel benannt, da die Schale der Früchte an dessen Gefieder erinnert.

Kiwis wachsen an Kletterpflanzen, die dem Weinstock ähneln. Die Frucht selbst ist eine eiförmige Beere, die etwa 8 cm lang werden kann und etwa 100 bis 120 g wiegt. Das Fruchtfleisch ist intensiv grün, auch die schwarzen Samen sind essbar. Kiwis sind sehr vitaminreich, vor allem Vitamin C ist reichlich in ihnen enthalten (etwa in doppelter Menge wie in Orangen), außerdem Kalium.

Whitebait-Fritter mit Kiwi-Avocado-Chutney

Whitebait-Fritter mit Kiwi-Avocado-Chutney
Für das Chutney die Kiwis schälen und würfeln. Die Avocados halbieren, den Stein entfernen und das Fruchtfleisch aus der Schale lösen. Das Kiwi- und Avocadofleisch im Mixer pürieren. Die restlichen Chutneyzutaten zugeben und das Chutney pikant abschmecken. Bis zum Gebrauch abgedeckt kühl stellen.

Für 4 Portionen
Für das Kiwi-Avocado-Chutney:
4 Kiwis
2 Avocados
2 El Zucker
2 El Zitronensaft
Salz, Pfeffer

10 Eier
600 g Whitebaitfleisch
1 El Butter
2 El Erdnussöl

Zum Garnieren:
2 gekochte Rote Bete, geschält und in dünne Streifen geschnitten
½ Bund Stangensellerie, geputzt und in Ringe geschnitten
4 Cherrytomaten, halbiert

Zubereitungszeit: ca. 30 Minuten (plus Bratzeit)
Pro Portion ca. 730 kcal/3066 kJ
50 g E · 53 g F · 11 g KH

Die Eier verquirlen und mit Salz und Pfeffer würzen. Das Fischfleisch waschen, trockentupfen und würfeln. Mit der Eimasse vermischen.

Butter und Öl in einer Pfanne erhitzen und die Ei-Fisch-Mischung hineingeben. Mit einer Gabel verrühren, bis die Masse Rühreikonsistenz erreicht hat und die Fischstücke sich am Pfannenboden abgesetzt haben. Aus der Pfanne heben und warm stellen.

Den Whitebait-Fritter auf Teller verteilen und das Kiwi-Avocado-Chutney darüber geben. Das Gemüse dazu arrangieren. Nach Belieben Süßkartoffelchips dazu reichen.

Als **Whitebait** werden in Neuseeland etwa 3 cm große Jungfische der fünf Fischarten Inanga, Koaru, Banded Kokopu, Giant Kokopu und Shortjawed Kokopu bezeichnet. Sie kommen vor allen an der Westküste Neuseelands vor. Dort werden sie auf ihrem Weg von den Flüssen zurück ins Meer von den Fischern abgefangen und herausgefischt. Gefischt werden dürfen die Whitebait dort allerdings nur von September bis Mitte November. Die kleinen, durchsichtigen und wurmartigen Fische werden im Ganzen zubereitet und gegessen. Das beliebteste Gericht daraus ist der Whitebait-Fritter, ein Omelett. Dazu trinkt man meist ein Bier der West Coast, das bei Monteiths gebraut wird.

Der **Lachs** gehört wie Forellen, Saiblinge und Renken zu den Lachsfischen. Er hat ein sehr wohlschmeckendes, rosa gefärbtes Fleisch, das seine Farbe durch die Krustentiere bekommt, von denen der Lachs sich ernährt. Aufgrund der großen Nachfrage nach Lachsfleisch werden Lachse schon längere Zeit in Aquakulturen gezüchtet, sowohl in Australien wie in Neuseeland. Dafür am besten geeignet ist der Atlantik-Lachs. Er wurde einst vor den Küsten Tasmaniens gefangen.

Ingwer und **Minze** sind zwei Zutaten, die nicht heimisch sind in Australien. Sie kamen mit den Einwanderern aus Asien bzw. Europa und dem Mittelmeerraum. Der fruchtige Geschmack der Minze bildet eine gute Ergänzung zum leicht scharfen Ingwer.

Für 6 Portionen
1 Lachsfilet (Mittelstück, ca. 600 g)
2 Zitronen
40 g frischer Ingwer
4 Frühlingszwiebeln
1 Hand voll Minzeblätter
3 El Olivenöl, Salz, Pfeffer
1 Bund Wasserkresse

Zubereitungszeit: ca. 20 Minuten (plus Backzeit)
Pro Portion ca. 178 kcal/747 kJ
19 g E · 8 g F · 5 g KH

Gefüllter Lachs mit Ingwer und Minze

Gefüllter Lachs mit Ingwer und Minze

Die Zitronen heiß abwaschen und in dünne Scheiben schneiden. Den Ingwer schälen und in sehr feine Streifen schneiden. Die Frühlingszwiebeln putzen, waschen und fein hacken. Die Zitronenmelisse waschen, trockenschütteln und hacken.

Den Backofen auf 200 °C (Umluft 180 °C) vorheizen. Das Filet außen mit Öl einreiben, mit Salz und Pfeffer bestreuen und auf ein großes Stück Alufolie legen. Zitronenscheiben, Ingwer, Frühlingszwiebeln und Zitronenmelisse auf der Außenseite des Fischfilets verteilen. Die Folie verschließen und den Lachs im Ofen etwa 35 Minuten backen.

Das gebackene Lachsfilet auf einer großen Platte anrichten. Die Wasserkresse waschen, trockenschütteln und auf den Kopf des Fisches legen. Dazu Zitronenmayonnaise reichen.

2006 Villa Maria
Sauvignon blanc Private Bin
Villa Maria Estate, Neuseeland

Die Trauben für diesen Wein kommen von unterschiedlichen Lagen aus Marlborough und werden hauptsächlich mit der Maschine geerntet. Noch sehr jung wird der Wein in die Flaschen gefüllt, um die Frische und das jugendliche Aroma zu behalten. Er glänzt in hellem Gelb mit grünlichen Reflexen und lockt mit einem herrlichen Bukett von tropischen Früchten, vornehmlich Limette, Passionsfrucht und Grapefruit. Erfrischend herzhaft im Geschmack, die Aromen im Duft bestätigen sich auch am Gaumen, intensiv und anhaltend.

In Safran gedünsteter Red Snapper

Die Kartoffeln waschen und in leicht gesalzenem Wasser etwa 15 Minuten garen. Sie sollten noch etwas fest sein. Dann abgießen und abtropfen lassen. Die Karotte schälen und in dünne Scheiben schneiden. Die Schalotten schälen und fein reiben.

Das Öl in einer großen Pfanne erhitzen und die Karotte und Schalotten darin mit dem Safran unter Rühren andünsten. Essig, Wein und Fischfond hinzufügen und das Gemüse schmoren.

Die Jakobsmuscheln aus den Schalen lösen und säubern. Mit den Fischfilets und den Kartoffeln zum Gemüse in die Pfanne geben und dünsten, bis Muscheln und Fisch gar sind. Mit Salz und Pfeffer würzen.

Inzwischen die Bohnen putzen, waschen und in kochendem Salzwasser bissfest garen. Dann abgießen, abtropfen lassen und mit geschmolzener Butter überziehen.

Die Kartoffeln aus der Pfanne nehmen und auf vier Teller verteilen. Dann Fisch und Muscheln in die Mitte platzieren und jeweils ein Viertel der grünen Bohnen an den Rand. Etwas Sud über die Muscheln gießen. Mit Basilikum garnieren. Dazu mit Tapenade bestrichene Röstbrote reichen.

In Safran gedünsteter Red Snapper

Für 4 Portionen
20 kleine, neue Kartoffeln
Salz
1 Karotte
3 Schalotten
2 El Olivenöl
2 Msp Safranpulver
3 El Weißweinessig
100 ml Weißwein
300 ml Fischfond
20 Jakobsmuscheln
4 Red-Snapper-Filets à 250 g
Pfeffer
200 g Prinzessbohnen
2 El Butter
1/2 Bund Basilikum

Zubereitungszeit: ca. 30 Minuten (plus Dünst- und Garzeit)
Pro Portion ca. 757 kcal/3179 kJ
81 g E · 35 g F · 27 g KH

Thunfischsteak mit Spinat und Grapefruitbutter

Für 4 Portionen
Für die Grapefruitbutter:
100 ml Zitronensaft
300 ml Grapefruitsaft
200 g Schalotten
2 Lorbeerblätter
400 g kalte Butter

4 Thunfischsteaks à 160 g
Salz, Pfeffer
4 El abgeriebene Schale von
2 unbehandelten Zitronen
400 g Spinatblätter
1 Prise gemahlene Muskatnuss

Zubereitungszeit: ca. 30 Minuten
(plus Zeit zum Kochen und Grillen)
Pro Portion ca. 815 kcal/3423 kJ
39 g E · 66 g F · 14 g KH

Thunfischsteak mit Spinat und Grapefruitbutter

Für die Grapefruitbutter die Zitrussäfte miteinander verrühren und in einem Topf erwärmen. Die Schalotten schälen und hacken. Mit den Lorbeerblättern zum Saft geben und alles auf die Hälfte einkochen lassen.

Die Mischung durch ein Sieb gießen und wieder in den Topf geben. Nun nach und nach die kalte Butter einrühren und eine Buttersauce herstellen. Sie darf nicht kochen. Warm stellen.

Die Fischsteaks waschen, trockentupfen und mit Salz, Pfeffer und Zitronenschale bestreuen. Unter dem heißen Grill etwa 2 Minuten von jeder Seite grillen.

Den Spinat verlesen und waschen. In einer Pfanne sautieren, bis er zusammenfällt. Mit Salz, Pfeffer und Muskatnuss würzen. Den Spinat auf Tellern anrichten und die Thunfischsteaks darauf legen. Mit der Grapefruitbuttersauce überziehen. Dazu Tomatensalat reichen.

Der **Thunfisch** ist ein wichtiges Nahrungsmittel auf dem Weltmarkt. Leider ist er dadurch im Bestand massiv bedroht. In Australien wird er daher schon seit einiger Zeit gezüchtet. Vor allem das Fleisch des Roten Thunfischs, der im Süden des Landes gefangen und gezüchtet wird, ist sehr gefragt. Neben dem Roten kennt man den Weißen Thunfisch und den Gelbflossen-Thun, der bis zu 200 kg schwer werden kann, sowie den Schwarzflossen-Thun, die sich in den warmen Gebieten von Atlantik und Pazifik aufhalten.

Hummerschwanz mit Mango-Zitronen-Salsa

Hummerschwanz mit Mango-Zitronen-Salsa

Für die Salsa die Mangos schälen, das Fleisch vom Stein schneiden und würfeln. Die Zwiebel schälen, die Paprikaschoten putzen, waschen und entkernen. Den Ingwer und die Salatgurke schälen, die Gurke entkernen. Die Chilischoten putzen, waschen und entkernen. Alle diese Zutaten in kleine Würfel schneiden und mit den Zitrussäften vermischen. Zuletzt den Koriander unterheben. Die Salsa zum Durchziehen beiseite stellen.

Den Ofen auf 200 °C (Umluft 180 °C) vorheizen. Den Hummerschwanz halbieren und säubern. Das Olivenöl in einer Eisenpfanne sehr heiß werden lassen. Den Hummerschwanz mit Salz und Pfeffer würzen und mit der Fleischseite nach unten in das heiße Öl geben. Etwa 1 Minuten darin braten, bis das Hummerfleisch Farbe annimmt. Den Hummerschwanz im heißen Backofen noch 3 Minuten weiterbacken.

Die Salatblätter waschen, trockenschütteln und auf einer Platte anrichten. Den Hummerschwanz darauf legen und mit Mango-Zitronen-Salsa umgeben. Dazu frisches Brot reichen.

Für 2 bis 4 Portionen
Für die Mango-Zitronen-Salsa:
2 Mangos
1 rote Zwiebel
je 1/2 rote und grüne Paprikaschote
1 cm Ingwer
1/4 Salatgurke
2 kleine rote Chilischoten
Saft von je 1/2 Zitrone und Limette
2 El frisch gehackter Koriander

1 großer Hummerschwanz
1 El Olivenöl
Salz
Pfeffer
1 El Sesamöl
Salatblätter zum Garnieren

Zubereitungszeit: ca. 30 Minuten
(plus Zeit zum Durchziehen, Braten und Backen)
Pro Portion ca. 151 kcal/634 kJ
15 g E · 3 g F · 12 g KH

LACHS MIT TOMATEN UND MOZZARELLA IN BLÄTTERTEIG

THUNFISCH MIT SPINAT UND MOZZARELLA IN NORI-BLÄTTERN

LACHS MIT SPECK UND PFIFFERLINGEN IN BLÄTTERTEIG

THUNFISCH MIT WASABI UND INGWER IN ALGENBLÄTTERN (SEAWEED)

LACHS MIT GEMISCHTEN KRÄUTERN UND ZIEGENKÄSE IN BLÄTTERTEIG

ROTBARSCH MIT PAPRIKA UND FRÜHLINGSZWIEBELN IN FILOTEIG

Lachs in Blätterteig

Für 4 bis 6 Portionen
750 g Lachs ohne Haut und Gräten*
Salz, Pfeffer
250 g Spinat*
100 g frischer Mozzarella*
150 g Ricotta*
2 Frühlingszwiebeln*
1 Prise gemahlene Muskatnuss
2 El frisch gehackter Dill
1 Ei*
600 g Blätterteig (TK)*
1 Eigelb*
Mehl für die Arbeitsfläche
Fett für das Blech

Zubereitungszeit: ca. 40 Minuten (plus Zeit zum Garen, Kühlen und Backen)
Pro Portion ca. 750 kcal/3150 kJ
36 g E · 54 g F · 30 g KH

Lachs in Blätterteig
Den Fisch waschen, trockentupfen und mit Salz und Pfeffer würzen. Das Fischfleisch längs halbieren und beiseite stellen.

Den Spinat verlesen, waschen und in wenig gesalzenem Wasser 3 Minuten blanchieren. Abgießen und unter kaltem Wasser abschrecken, dann abtropfen lassen. Den Spinat fein hacken und in eine Schüssel geben.

Den Mozzarella würfeln und mit dem Ricotta zum Spinat geben. Die Frühlingszwiebeln putzen, waschen und fein hacken. Mit Muskatnuss und Dill zum Spinat geben. Die Mischung gut verrühren und das verquirlte Ei hinzufügen.

Den Blätterteig auftauen lassen und die Hälfte davon auf einer bemehlten Arbeitsfläche zu einem Rechteck ausrollen, etwa 6 cm größer als der Fisch. Die Hälfte der Spinatmischung auf dem Teig verteilen. Die beiden Fischhälften so auf den Teig legen, dass sie ein Rechteck bilden, und erneut würzen. Die restliche Spinatmischung auf den Fisch geben.

Den restlichen Blätterteig ebenfalls ausrollen und die Spinatmischung damit abdecken. Das Eigelb verquirlen und den Teig damit einstreichen. Den Teig an den Rändern gut festdrücken. Das Päckchen 30 Minuten kühl stellen.

Den Backofen auf 200 °C (Umluft 180 °C) vorheizen. Den Blätterteigfisch auf ein gefettetes Backblech legen und im Ofen etwa 15 Minuten backen, bis der Teig knusprig und der Lachs gar ist. Mit Avocado-Kartoffel-Salat servieren.

* Die mit einem Sternchen versehenen Zutaten können ausgetauscht werden. Gewürze und Kräuter je nach Belieben.

Muschelravioli mit Kapernbutter

Muschelravioli mit Kapernbutter

Für die Kapernbutter die Kapern abgießen und gut abtropfen lassen, den Saft in eine Pfanne geben. Die Kapern beiseite stellen. Den Essig mit dem Lorbeer und dem Zitronensaft zum Kapernsaft geben und zum Kochen bringen. Die Mischung bis auf etwa 1 El Flüssigkeit einkochen und durch ein Sieb streichen. Nach und nach die Butter einrühren, bis eine cremige Sauce entsteht. Nun die Kapern unterheben und die Buttersauce mit Salz und Pfeffer abschmecken. Warm stellen.

Die Zwiebeln und den Knoblauch schälen und fein hacken. Die Paprikaschoten putzen, waschen, entkernen und hacken. Die Butter in einer Pfanne erhitzen und alles darin unter Rühren in etwa 3 Minuten weich dünsten. Die Pfanne vom Herd nehmen und die Kräuter mit dem Zitronensaft und der Schale einrühren. Mit Salz und Pfeffer abschmecken.

16 Reispapierblätter auf einer sauberen Arbeitsfläche auslegen und jeweils ½ Tl Füllung in die Mitte eines Blattes geben. Nun eine oder zwei gesäuberte Jakobsmuscheln (je nach Größe) darauf legen. Die Ränder der Reispapierblätter mit wenig Wasser einstreichen. Nun die restlichen Reispapierblätter darüber legen und die Ränder gut zusammendrücken.

Die Ravioli portionsweise in einen großen Topf mit sehr heißem, nicht kochendem Salzwasser, dem etwas Öl beigegeben wurde, etwa 3 Minuten garen. Mit einer Schaumkelle herausnehmen und abtropfen lassen. Auf Tellern mit der Kapernbutter anrichten. Mit Koriander garnieren.

Für 4 Portionen
Für die Kapernbutter:
2 El Kapern aus dem Glas
2 El Weißweinessig
½ Lorbeerblatt
Saft von ½ Zitrone
150 g Butter, Salz, Pfeffer

2 Zwiebeln
4 Knoblauchzehen
je ½ rote und gelbe Paprikaschote, 50 g Butter
1 El frisch gehackter Dill
1 El frisch gehacktes Basilikum
3 El frisch gehackte Petersilie
Saft und abgeriebene Schale von 1 unbehandelten Zitrone
32 Wonton-Reispapierblätter
16–32 Jakobsmuscheln, je nach Größe
1 Spritzer Pflanzenöl
Korianderblätter zum Garnieren

Zubereitungszeit: ca. 40 Minuten
(plus Koch-, Dünst- und Garzeit)
Pro Portion ca. 407 kcal/1709 kJ
30 g E · 17 g F · 30 g KH

PROVINCIAL
HOTEL

KANANGRA
WARATAH

2006 Sauvignon Blanc
Diamond Label
Rosemount Estate, Australien

Die Diamond Label-Serie bildet das Herzstück der Rosemount-Weinpalette. Dieser Sauvignon Blanc von lebendigem Strohgelb mit zartgrünem Schimmer besticht durch sein aromatisches Bukett von Maracuja und Zitrone mit komplexeren Noten von frisch geschnittenem Gras und grünen Erbsen. Am Gaumen rebsortentypische Aromen von Stachelbeeren, exotischen Früchten und zartem Zitronenbaiser, perfekt ausbalanciert mit lebendiger Säure und wunderschöner Länge.

Für 4 bis 6 Portionen	1 Lorbeerblatt
Für die Paprikamayonnaise:	6 Pfefferkörner
1 rote Paprikaschote	2 Petersilienzweige
1 Knoblauchzehe	2–3 Hummer
2 Eigelb	Cherrytomaten und Basilikum zum Garnieren
Saft von 1 Limette	2 Limetten in Scheiben zum Garnieren
1 Spritzer Tabasco	
225 ml Olivenöl	
Salz, Pfeffer	
½ Limette	

Zubereitungszeit ca. 30 Minuten
(plus Röst- und Kochzeit)
Pro Portion ca. 233 kcal/978 kJ
11 g E · 20 g F · 2 g KH

Pochierter Hummer mit Paprikamayonnaise

Pochierter Hummer mit Paprikamayonnaise

Für die Paprikamayonnaise die Paprikaschote putzen, waschen, halbieren und entkernen. Mit der Hautseite nach oben unter den heißen Grill legen, bis die Haut Blasen wirft und dunkel wird. Im Plastikbeutel abkühlen lassen, dann schälen und würfeln. Die Knoblauchzehe schälen und hacken. Alle Zutaten für die Mayonnaise außer dem Öl im Mixer pürieren. Dann nach und nach das Öl zugießen, bis eine cremige Mayonnaise entstanden ist. Mit Salz und Pfeffer abschmecken.

Einen großen Topf zu drei Vierteln mit Wasser füllen und zum Kochen bringen. Limette, Lorbeerblatt, Pfefferkörner und Petersilienzweige hineingeben. Die Hummer mit dem Kopf zuerst ins kochende Wasser geben (sie müssen vollständig davon bedeckt sein) und etwa 10 Minuten kochen. Wenn sich die Schale rot färbt, die Hummer aus dem Topf nehmen und abkühlen lassen. Die Hummer zerteilen und die Innereien und den Darm entfernen.

Die Hummerhälften auf Teller legen und mit Cherrytomaten, Basilikum und Limettenscheiben garnieren. Dazu die Paprikamayonnaise reichen.

Gebackene Barramundifilets mit Whiskysauce

Für die Sauce Whisky, Dill, Sekt und Butter miteinander verrühren und in einem Topf unter Rühren erhitzen, bis eine cremige Sauce entstanden ist. Mit Salz und Pfeffer abschmecken.

Den Backofen auf 200 °C (Umluft 180 °C) vorheizen. Die Fischfilets waschen, trockentupfen und mit Salz und Pfeffer würzen. Im Mehl wenden und auf ein gefettetes Backblech legen. Im Ofen etwa 15 Minuten backen, bis die Filets goldbraun sind. Nach Belieben den Grill dazuschalten.

Das Gemüse putzen, waschen, trockentupfen und in feinste Streifen schneiden. Das Öl in einer Pfanne erhitzen und die Julienne darin etwa 2 Minuten unter Rühren dünsten. Herausnehmen und auf Tellern anrichten. Die gebackenen Fischfilets darauf legen und mit der Whiskysauce überziehen. Mit Schnittlauchstängeln und Zitronenscheiben garnieren.

Die Erdbeeren waschen, trockentupfen und halbieren oder vierteln. Auf den Tellerrändern dekorativ arrangieren.

Gebackene Barramundifilets mit Whiskysauce

Für 4 Portionen
Für die Whiskysauce:
1 cl Whisky
2 El frisch gehackter Dill
4 El Sekt
100 g Butter
Salz, Pfeffer

4 Barramundifilets à 150 g
2 El Mehl
je 50 g Fenchel, Karotte, grüne und rote Paprikaschote
2 El Sonnenblumenöl
Schnittlauch zum Garnieren
Zitronenscheiben zum Garnieren
100 g Erdbeeren
Fett für das Blech

Zubereitungszeit: ca. 30 Minuten
(plus Zeit zum Erhitzen, Backen und Dünsten)
Pro Portion ca. 412 kcal/1730 kJ
30 g E · 30 g F · 2 g KH

Der **Barramundi** gehört zur Familie der Barsche und kommt vor allem in australischen Gewässern vor. Die Fische können in Süß- wie in Salzwasser leben, ihr Fleisch ist fest, weiß, zart und sehr schmackhaft. Barramundi werden mittlerweile in einigen Ländern, darunter Australien, gezüchtet. Ein Wein wurde nach dem Fisch benannt.

Fleisch und Wildgerichte

Als die ersten Siedler Australien erreichten, gab es als fleischliches Nahrungsangebot Känguru, Opossum und Wallaby.

Damit mussten sie sich begnügen, bis die mitgebrachten Rinder und Schweine sich akklimatisiert und entsprechend vermehrt hatten. Die eingeführten Kaninchen, scherzhaft „Underground Mutton" (Untergrundschaf) genannt, galten lange Zeit als Nahrung armer Leute, bis sie vor einigen Jahren von jungen Köchen wiederentdeckt wurden.

Das Angebot auf den Speisekarten reicht von Rind- und Kalbfleischgerichten über Schweinefleisch bis zu Lammgerichten. An Wildfleisch werden Känguru, Büffel und Krokodil angeboten.

Kängurufleisch zeichnet sich durch einen sehr niedrigen Fettgehalt (100 g Fleisch enthalten etwa 1 g Fett) und einen hohen Eiweißgehalt aus. Kängurufilet wird vor allem gegrillt, der Schwanz wird gekocht. Im Geschmack erinnert es an Hirschfleisch. Mittlerweile ist Krokodilfleisch dazugekommen, das von Feinschmeckern geschätzt wird, vor allem das zarte Fleisch des Krokodilschwanzes. Die Krokodile werden in Farmen gezüchtet. In Neuseeland werden Wild wie Reh und Hirsch gezüchtet.

Fleisch und Wildgerichte

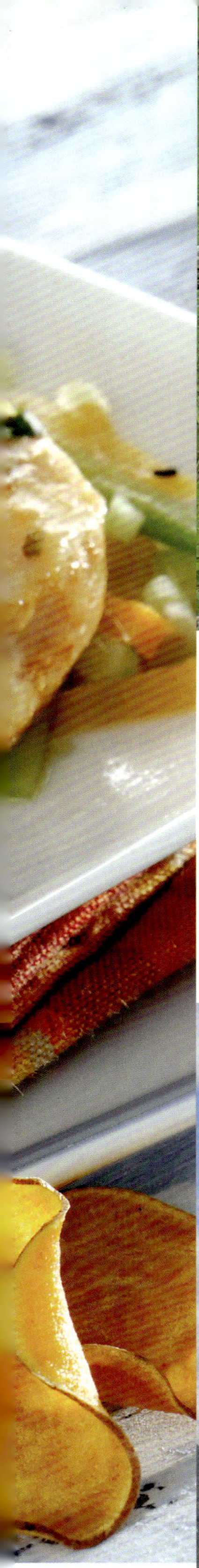

In Australien wird im Weltvergleich das meiste Fleisch pro Person gegessen.

Das war schon immer so. Drei Fleischmahlzeiten am Tag, beginnend mit einem Steak zum Frühstück, waren keine Seltenheit. Mittlerweile beschränkt man sich auf eine Fleischmahlzeit pro Tag, sicher auch aus gesundheitlichen Gründen. Der Fleischkonsum ist inzwischen bei Lamm fast um ein Viertel zurückgegangen, bei Rind und Kalb sogar um die Hälfte. Man besinnt sich auf die fettarmen Fleischsorten wie zum Beispiel Känguru und Krokodil, die darüber hinaus aus dem Land stammen, an das australische Klima besser angepasst sind und, was die Kängurus angeht, den Boden weniger schädigen. Außerdem wählen die Konsumenten danach, wie die Tiere gehalten und ernährt werden.

Die bevorzugten Zubereitungsarten von Fleisch sind Braten in der Pfanne oder im Ofen, Schmoren und Grillen. Barbecue ist ein Volkssport, dem sich fast alle Australier angeschlossen haben. Zum gegarten Fleisch probiert man Beilagen, Kräuter und Gewürze aus den internationalen Küchen.

GEFÜLLTE LAMMKEULE MIT SALBEI

GEFÜLLTE LAMMKEULE MIT SCHAFSKÄSE UND OLIVEN

GEFÜLLTE LAMMKEULE MIT WASSERKRESSE UND TOMATEN

GEFÜLLTE LAMMKEULE MIT NÜSSEN UND KAROTTEN

GEFÜLLTE LAMMKEULE MIT HACK UND KRÄUTERN

GEFÜLLTE LAMMKEULE MIT PAPRIKA, ZUCCHINI UND KRÄUTERN

Gefüllte Lammkeule mit Artischocken

Für 4 Portionen
125 g Artischockenherzen aus dem Glas*
75 g getrocknete Tomaten in Öl*
50 g schwarze Oliven*
1 El frisch gehackter Oregano*
Salz, Pfeffer
800 g Lammkeule ohne Knochen
1 Knoblauchzehe
2 El Olivenöl

Zubereitungszeit: ca. 30 Minuten (plus Garzeit)
Pro Portion ca. 352 kcal/1478 kJ
58 g E · 11 g F · 1 g KH

Gefüllte Lammkeule mit Artischocken
Die Artischockenherzen und die Tomaten abtropfen lassen und fein würfeln. Die Oliven entsteinen und hacken. Die Artischockenherzen, Tomaten und Oliven mit dem Oregano mischen und mit Salz und Pfeffer würzen.

Den Backofen auf 200 °C (Umluft 180°C) vorheizen. Die Lammkeule in vier Stücke schneiden, waschen und trockentupfen. In jedes Fleischstück eine waagerechte Tasche schneiden. Den Knoblauch schälen, halbieren und die Fleischstücke innen und außen damit einreiben.

Die Füllung in die Fleischtaschen geben und mit einem Zahnstocher verschließen.

Einen Bräter erhitzen. Die Fleischstücke mit dem Öl einreiben und im Bräter von beiden Seiten scharf anbraten. Den Bräter in den Ofen stellen und das Lammfleisch 15 bis 20 Minuten garen. Dann aus dem Ofen nehmen und auf einer Platte anrichten. Vor dem Servieren noch einige Minuten ruhen lassen. Mit dem Bratensaft beträufeln.

Die gefüllten Lammkeulen mit Ofenkartoffeln und grünen Bohnen servieren.

* Die mit einem Sternchen versehenen Zutaten können ausgetauscht werden. Gewürze und Kräuter je nach Belieben.

Meat Pie ist eines der bekanntesten, wenn auch nicht unbedingt das kulinarisch herausragendste australische Gericht. Pie, eine Pastete, wird auf dem fünften Kontinent immer und überall, drinnen zum Lunch und draußen zum Picknick gegessen, denn sie schmeckt warm und kalt. Manche halten sie für den australischen Hamburger, doch man könnte sie auch als Hackbraten bezeichnen. Die Pastete ist oval oder rund, hat einen Durchmesser von etwa 15 cm und sieht aus wie ein großes Brötchen oder ein Laib Brot. Manchmal findet man auch die Variante Meat Pie in Blätterteig verpackt, ein beliebter Snack für Zwischendurch. Wichtigster Bestandteil ist das Hackfleisch, im Übrigen kann man fantasievoll Gemüse und Kräuter für die Zutaten variieren.

Australische Fleischpastete (Meat Pie)

Australische Fleischpastete (Meat Pie)
Die Brötchen in warmem Wasser einweichen. Die Zwiebeln und die Knoblauchzehe schälen und hacken. Die beiden Fleischsorten mit einem Drittel der Zwiebelmasse, dem Knoblauch, den ausgedrückten Brötchen, dem Ei, der Petersilie und dem Currypulver in einer Schüssel mischen. Nach und nach so viel Milch zugeben, bis ein fester, glatter Fleischteig entsteht. Den Teig mit Salz und Pfeffer abschmecken.

Für 4 Portionen
2 altbackene Brötchen
3 Zwiebeln
1 Knoblauchzehe
500 g gemischtes Hackfleisch
250 g Mett, 1 Ei
1 El frisch gehackte Petersilie
1 Tl Currypulver
125 ml Milch
Salz, Pfeffer
2 El Butter
125 ml Fleischbrühe
2 El Tomatenmark
2 Tl Zitronensaft
1 El Worcestersauce
½ El Instant-Kaffeepulver
2 El Weißweinessig
2 El Rotwein
Fett für die Form

Zubereitungszeit: ca. 30 Minuten
(plus Back- und Kochzeit)
Pro Portion ca. 667 kcal/2801 kJ
39 g E · 49 g F · 17 g KH

Den Backofen auf 200 °C (Umluft 180 °C) vorheizen. Den Fleischteig zu einem Laib formen und in eine ofenfeste, gefettete Pieform legen und im Ofen etwa 30 Minuten backen.

Die Butter in einem Topf erhitzen und die restlichen Zwiebeln darin glasig dünsten. Die restlichen Zutaten zugeben und aufkochen. Bei reduzierter Temperatur 15 Minuten köcheln.

Nach 30 Minuten Backzeit die Hälfte der Sauce über den Braten gießen und weitere 45 Minuten backen, dabei mehrmals mit der restlichen Sauce übergießen. Den Hackbraten in Scheiben schneiden und mit der Sauce servieren. Dazu grünen Salat reichen.

Der ursprüngliche Name der **Worcestersauce** ist Worcestershiresauce. Sie wird seit dem 19. Jahrhundert in Worcester in England hergestellt. Die Sauce besteht dort aus Essig, Melasse, Zucker, Sardellen, Tamarindenextrakt, Zwiebeln, Knoblauch, Salz und verschiedenen Gewürzen sowie natürlichen Aromen. Das Originalrezept soll aus Indien stammen. Die Sauce reift über mehrere Jahre in geschlossenen Behältern, um dann als dünnflüssiger, tiefbrauner und aromatischer Extrakt zum Würzen vor allem von Fleischgerichten verwendet zu werden.

Worcestersauce werden ähnliche Saucen von anderen Herstellern genannt, die neben den genannten Zutaten auch Senf, Sojasauce, Pfeffer und Chili enthalten können.

2006 Rosemount Road Red Rosemount Estate, Australien

Unverkennbar Rosemount sind auch die modernen, frischen Weine der neu entwickelten Serie Rosemount Road aus Trauben unterschiedlicher Herkunftsregionen. Dieser Wein aus Shiraz, Grenache und Mataro leuchtet im Glas in einem tiefen Pflaumenrot mit purpurn glänzenden Reflexen. In der Nase ein fruchtiger Mix reifer, roter Sommerfrüchte und Gewürze mit einer Spur von süßem Eichentoast. Im Mund weich und rund, mit mittlerem Körper und lebendigen Aromen von frischen Kirschen und Himbeeren vor feinen Gewürznoten, sehr saftig und ausgewogen. Macht Lust auf mehr!

Für 4 Portionen
1 kg Büffelfilet
2 Knoblauchzehen
Salz
4 El Dijon-Senf
1 1/2 El zerstoßene Pfefferkörner
250 ml Rotwein
100 g Crème fraîche
Pfeffer

Zubereitungszeit: ca. 20 Minuten
(plus Brat- und Kochzeit)
Pro Portion ca. 410 kcal/1722 kJ
54 g E · 17 g F · 2 g KH

Büffelfilet mit Pfeffer

Büffelfilet mit Pfeffer
Den Backofen auf 190 °C (Umluft 170 °C) vorheizen. Das Fleisch vom Fett befreien, waschen und trockentupfen. Die Knoblauchzehen schälen und in Stifte schneiden. In das Fleisch mit einer Spicknadel Löcher stechen und mit den Knoblauchstiften spicken.

Das Fleisch mit Salz einreiben und anschließend mit dem Senf einstreichen. In den zerstoßenen Pfefferkörnern wenden. In einen Bräter legen und die Hälfte des Rotweins zugießen. Das Fleisch im Ofen etwa 25 Minuten braten, dabei mehrmals mit Bratensaft begießen und einmal wenden.

Das Büffelfilet aus dem Bräter nehmen und warm stellen. Den Bratensatz mit dem restlichen Rotwein loskochen und auf die Hälfte einkochen lassen. Die Crème fraîche einrühren und die Sauce mit Salz und Pfeffer abschmecken. Das Fleisch in Scheiben schneiden und mit der Sauce servieren. Dazu Kartoffelpüree servieren.

2005 Merlot
Diamond Label
Rosemount Estate, Australien

Die Rosemount-Weine spiegeln die traumhaften Klimabedingungen des Landes wider. Dieser ausdrucksvolle Wein in strahlendem Rubinrot mit karmesinroten Reflexen hat im Bukett würzige Aromen von Backpflaumen, frischen Pflaumen und Waldbeeren vor feinen Noten von Wurzelholz. Die Frucht- und Gewürznoten verschmelzen am Gaumen zu komplexer Fülle, die von weichem Tannin und milder Säure wunderschön umrahmt wird und dem Finale eine traumhafte Länge verleiht.

Illabo-Lammrücken mit Thymian

Illabo-Lammrücken mit Thymian

Das Lammfleisch von Fett und Sehnen befreien, waschen und trockentupfen und in vier Stücke schneiden. Die Knoblauchzehen schälen und hacken. Den Zitronenthymian waschen, trockenschütteln und hacken. Knoblauch, Thymian und 500 ml Olivenöl in einer Schale vermischen und die Fleischstücke darin wenden. Über Nacht im Kühlschrank durchziehen lassen.

Die Paprikaschoten putzen, waschen, entkernen und das Fruchtfleisch vierteln. Mit Steinsalz und Pfeffer bestreuen und im Ofen bei 180 °C (Umluft 160 °C) etwa 15 Minuten rösten. Die Aubergine putzen, waschen und in 1 cm dicke Scheiben schneiden. In 3 El heißem Olivenöl von beiden Seiten braten, bis sie weich sind, dann auf Küchenpapier abtropfen lassen und würzen.

Die Zucchini putzen, waschen und in Scheiben schneiden und halbieren. Im selben Öl wie die Auberginen braten. Das Gemüse beiseite stellen. Die Kartoffeln waschen, schälen und daraus Bällchen ausstechen. In kochendem Salzwasser etwa 5 Minuten bissfest garen.

Den Backofen auf 180 °C (Umluft 160 °C) vorheizen. Etwas Lammmarinade in einem Schmortopf erhitzen und die Rückenstücke darin von beiden Seiten scharf anbraten. Im Ofen etwa 12 Minuten weiterbraten, bis sie gar sind. Das Gemüse ebenfalls im Ofen etwa 4 Minuten braten. Die Kartoffelbällchen in etwas heißem Öl knusprig frittieren.

Die Lammrückenstücke aufschneiden und mit dem Gemüse auf Tellern anrichten. Mit den Kartoffelbällchen und Oliven umgeben. Den Lammfond erhitzen und darüber träufeln.

Für 4 Portionen
600 g Rückenfilet vom Illabo-Lamm
6 Knoblauchzehen
1 Bund Zitronenthymian
625 ml Olivenöl
je 1 rote und gelbe Paprikaschote
Steinsalz, Pfeffer
1 Aubergine
3 Zucchini
3 Kartoffeln
20 schwarze Oliven
100 ml Lammfond

Zubereitungszeit: ca. 40 Minuten
(plus Zeit zum Marinieren, Röst- und Bratzeit)
Pro Portion ca. 665 kcal/2793 kJ
49 g E · 38 g F · 29 g KH

Kolonialgans (Colonial Goose)

Für 4 Personen
1 Ei , 2 Knoblauchzehen
1 Tl frisch gehackter Salbei
1 Tl frisch gehackter Rosmarin
1 El frisch gehackte Minze
Salz, Pfeffer, 300 g Paniermehl
1 Zwiebel, 2 El Butter
1 Hammelkeule (ca. 2 kg mit Knochen)
Fett für das Blech

Zubereitungszeit: ca. 20 Minuten (plus Gar- und Bratzeit)
Pro Portion ca. 937 kcal/3935 kJ
125 g E · 22 g F · 57 g KH

Kolonialgans (Colonial Goose)

Das Ei in einer Schüssel verquirlen. Die Knoblauchzehen schälen und zum Ei drücken. Anschließend den Salbei, den Rosmarin, die Minze, je 1/2 Tl Salz und Pfeffer sowie das Paniermehl zugeben und mischen. Die Zwiebel schälen, hacken und unterrühren.

Die Butter in einer Pfanne schmelzen und die Eimasse darin unter gelegentlichem Umrühren zum Stocken bringen. Den Backofen auf 200 °C (Umluft 180 °C) vorheizen.

Die Hammelkeule waschen, trockentupfen und den Knochen herauslösen. Den entstandenen Hohlraum mir der Eimasse füllen.

Die Keule auf ein gefettetes Blech legen und im Ofen etwa 15 Minuten braten. Dann die Temperatur auf 150 °C (Umluft 130 °C) herunterschalten und die Hammelkeule weitere 45 Minuten braten, bis sie gar ist.

Nach der Garzeit die Keule aus dem Ofen nehmen und in Scheiben schneiden. Mit grünen Bohnen oder Röstkartoffeln servieren.

Der ungewöhnliche Name für dieses Gericht stammt wahrscheinlich aus der Zeit der australischen Kolonisation. Denn dass es sich um Hammelfleisch handelt, ist aus dem Namen **Goose** (Gans) nicht ersichtlich. Offenbar wurde damit die Tatsache verunglimpft, dass es zur damaligen Zeit außer Schaf- und Hammelfleisch kein anderes Fleisch in solchen Mengen zu essen gab. So wurde wenigstens in der Namensgebung abgewechselt.

Lammschulter in Kräuterkruste mit Minzpesto

Lammschulter in Kräuterkruste mit Minzpesto

Das Fleisch von Fett und Sehnen befreien, waschen und trockentupfen und in zwei Stücke schneiden. Das Öl in einer Pfanne erhitzen und die Fleischstücke darin von beiden Seiten kurz anbraten. Das Fleisch würzen und die Oberfläche mit Senf einreiben. Auf einer vorgewärmten Platte beiseite stellen.

Den Backofen auf 180 °C (Umluft 160 °C) vorheizen. Für die Kräuterkruste das Brot in Scheiben schneiden und rösten. Anschließend fein reiben. Die Kräuter waschen, trockenschütteln und hacken. Kräuter, geriebenes Brot, Zitruszesten, Kapern, Öl mit Salz und Pfeffer im Mixer zu einer Paste verrühren. Die Kräuterpaste auf die Fleischscheiben streichen und in einer gefetteten Auflaufform im Ofen etwa 7 Minuten backen.

Alle Zutaten für das Pesto im Mixer zu einer glatten Paste verrühren und mit Salz und Tabasco abschmecken. Den Essig mit dem Honig verrühren.

Die Fleischstücke in Scheiben schneiden und auf Teller verteilen. Darauf etwas Minzpesto geben und mit dem Essig-Honig-Gemisch beträufeln. Dazu Nudeln oder Kartoffelgratin serieren.

Für 4 Portionen
800 g Lammschulter
2 El Sonnenblumenöl
Salz, Pfeffer, 30 g Dijon-Senf

Für die Kräuterkruste:
150 g Focaccia
½ Bund frische, gemischte Kräuter (z. B. Minze, Rosmarin, Petersilie)
abgeschälte Schale von je 1 kleinen, unbehandelten Limette und Orange
1 Tl Kapern, 2 Tl Olivenöl

Für das Minzpesto:
30 g frisch gehackte Minzeblätter
100 g frisch geriebener Parmesan
50 g gemahlene Mandeln
100 ml Avocadoöl
1 Spritzer Tabasco

300 ml Balsamessig
100 ml milder Honig
Fett für die Form

Zubereitungszeit ca. 30 Minuten (plus Brat- und Garzeit)
Pro Portion ca. 620 kcal/2604 kJ
68 g E · 21 g F · 36 g KH

2006 Koonunga Hill Shiraz Cabernet Penfolds, Australien

Dieser Wein reflektiert exakt den Stil und die Philosophie von Penfolds. Intensiv Pflaumenrot mit rubinfarbenen Reflexen, duftet der Wein nach Pflaumen- und Cassisnoten, kombiniert mit Gewürzen wie Zimt, leicht rauchig und pfeffrig. Am Gaumen sehr gut balancierter Wein mit integrierter Frucht und Eiche, weichen Tanninen und süßlich-aromatischem Abgang.

GESCHMORTES REHFLEISCH IN COGNAGSAUCE MIT PREISELBEERCHUTNEY

GESCHMORTES KÄNGURUFLEISCH IN SHERRYSAUCE

GESCHMORTES LAMMFLEISCH IN MINZSAUCE

RINDFLEISCH MIT BALSAMICOSAUCE MIT JOHANNISBEERCHUTNEY

GESCHMORTES KANINCHEN-FLEISCH IN WEISSWEINSAUCE

HIRSCHFLEISCH IN ROTWEIN-SAHNE MIT MANGO-KIWI-CHUTNEY

Geschmortes Rehfleisch in Portweinsauce

Für 4 Portionen
400 g Rehrückenfilet*
3 Knoblauchzehen*
2 Thymianzweige*
2 Rosmarinzweige*
200 ml Olivenöl

Für das Blaubeerchutney:
3 rote Zwiebeln
2 El Olivenöl
1 kg Blaubeeren*
750 ml Portwein*
150 ml Rotwein

Für die Portweinsauce:
1 Stangensellerie*
1 Karotte*, 2 Schalotten*
1 El Butter, 200 ml Portwein*
200 ml Kalbsfond*
Salz, Pfeffer

Zubereitungszeit: ca. 40 Minuten (plus Zeit zum Marinieren, Garen und Braten)
Pro Portion ca. 535 kcal/2247 kJ
24 g E · 32 g F · 27 g KH

Geschmortes Rehfleisch in Portweinsauce

Das Rehfleisch von Haut und Sehnen befreien, waschen und trockentupfen. Den Knoblauch schälen, die Blätter bzw. Nadeln von den Kräuterstängeln zupfen. Die Kräuter mit dem Messerrücken zerdrücken, dann mit dem Öl mischen und das Rehfleisch darin einlegen. Etwa 6 Stunden marinieren.

Für das Chutney die Zwiebeln schälen und fein hacken. Das Öl in einer Pfanne erhitzen und die Zwiebeln darin glasig dünsten. Die Blaubeeren verlesen, waschen, trockentupfen und zu den Zwiebeln geben. Unter Rühren 2 Minuten mitdünsten. Portwein und Rotwein angießen und die Mischung zum Kochen bringen. Flambieren und mindestens 4 Stunden köcheln, bis die Mischung beginnt anzudicken.

Für die Sauce den Sellerie putzen und waschen, die Karotte und Schalotten schälen, alles fein würfeln. Die Butter erhitzen und das Gemüse darin weich dünsten. Den Portwein angießen und aufkochen. Etwas einkochen, dann den Kalbsfond zugeben und die Sauce weiterköcheln, bis sie eine sämige Konsistenz erreicht hat.

Das Rehfleisch aus der Marinade nehmen. Eine Pfanne erhitzen und das Fleisch darin von beiden Seiten gut anbraten. Mit Salz und Pfeffer würzen und weitere 8 Minuten braten, bis es die gewünschte Garstufe hat. Das Fleisch aus der Pfanne nehmen und in Scheiben schneiden. Das Chutney erwärmen.

Die Fleischstücke auf Teller verteilen und je 1 El Chutney darüber geben. Die Portweinsauce dazu reichen. Mit Spinat und gerösteten Kumarascheiben servieren.

* Die mit einem Sternchen versehenen Zutaten können ausgetauscht werden. Gewürze und Kräuter je nach Belieben.

Das **Schaf** stammt ursprünglich von den Mufflons, den Wildschafen ab. Vor etwa 13 000 Jahren wurden diese im Iran domestiziert und verschiedene Rassen gezüchtet, die seitdem für die Ernährung weltweit eine große Rolle spielen.

Als Lammfleisch wird meist das Fleisch von Milchlämmern und Lämmern, die jünger als 12 Monate alt sind, bezeichnet. Hammelfleisch nennt man das Fleisch älterer Schafe und kastrierter männlicher Tiere. Lammfleisch ist sehr kalorienarm: 100 g enthalten gerade mal 150 kcal. Das Lammfilet ist das zarteste Fleisch und stammt aus dem Rücken. Frisches Lammfleisch erkennt man an seiner hellen Farbe: Je jünger die Tiere sind, desto heller ist das Fleisch. Entscheidend für den Geschmack des Fleisches sind stets das Alter des Tieres, der Lebensraum, das Klima und das Futter.

Lammfilets mit Minzsalsa

Lammfilets mit Minzsalsa

Die Lammfilets von Fett und Sehnen befreien, waschen, trockentupfen und in eine Schale legen. Die Knoblauchzehen schälen und zwei davon zerdrücken. Mit dem Wein über das Fleisch geben und etwa 2 Stunden marinieren.

Den Backofen auf 200 °C (Umluft 180 °C) vorheizen. Die Kartoffeln gut waschen und trockentupfen. Die letzte Knoblauchzehe zerdrücken. Die Rosmarinnadeln von den Stängeln zupfen. Die Kartoffeln auf ein Backblech legen und mit Rosmarin, Knoblauch, Salz und Olivenöl überziehen. Im Ofen etwa 30 Minuten backen.

Für 4 Portionen
600 g Lammfilet
3 Knoblauchzehen
200 ml Merlot
20 kleine Kartoffeln
4 Rosmarinzweige
125 ml Olivenöl
Salz

Für die Minzsalsa:
1/2 Schlangengurke
1/2 rote Zwiebel
50 g frisch gehackte Minze
2 El Rotweinessig
1 Tl Zucker

Zubereitungszeit: ca. 30 Minuten
(plus Zeit zum Marinieren, Back- und Bratzeit)
Pro Portion ca. 345 kcal/1449 kJ
46 g E · 5 g F · 21 g KH

Für die Salsa die Gurke und die Zwiebel schälen und fein hacken. Die Minze waschen, trockenschütteln und ebenfalls fein hacken. Alle Zutaten für die Salsa mischen und kühl stellen.

Das Lammfleisch aus der Marinade nehmen, trockentupfen und in einer Pfanne von beiden Seiten 2 bis 3 Minuten braten. Aus der Pfanne nehmen und in Scheiben schneiden. Mit den Rosmarinkartoffeln und der Minzsalsa servieren. Dazu grünen Salat reichen.

Lammfleisch kann gegrillt, gebraten oder geschmort werden. Für weniger zarte Fleischstücke oder für einen besonderen Geschmack empfiehlt sich eine Marinade aus Olivenöl, nach Belieben Wein und verschiedenen Gewürzen. Es sollte aber in jedem Fall sehr heiß serviert werden, da das Fett beim Abkühlen sehr schnell hart wird und unangenehm schmeckt. Gewürze, die besonders gut zu Lammfleisch passen, sind Knoblauch, Oregano, Basilikum, Rosmarin, Salbei und Minze. Alles Pflanzen, die im Mittelmeerraum heimisch sind. So harmonieren auch besonders die Mittelmeergemüse Zucchini, Aubergine und Paprika mit dem Fleisch.

Kängurufleisch ist gut zum Grillen und Braten geeignet. Es bleibt dabei saftig, wenn es gut eingeölt bzw. vor dem Grillen mariniert wird. Das Fleisch enthält kaum Fett und erinnert geschmacklich an feines Wildfleisch.

Sardellen als Zutat einer Marinade geben dem Fleisch einen würzigen, leicht salzigen Geschmack. In Verbindung mit der Minze ergibt sich ein ungewohntes, aber sehr interessantes Geschmackserlebnis.

Für 4 Portionen	4 Sardellenfilets
1 Knoblauchzehe	8 Minzezweige
1 El Kapern	800 g Kängurufleisch
½ getrocknete Chilischote	Salz, Pfeffer
abgeriebene Schale von 1 unbehandelten Zitrone	Saft von 1 Zitrone
180 ml Olivenöl	

Zubereitungszeit ca. 30 Minuten (plus Marinier- und Grillzeit)
Pro Portion ca. 317 kcal/1331 kJ
47 g E · 13 g F · 1 g KH

Gegrilltes Kängurufilet mit Sardellenmarinade

Gegrilltes Kängurufilet mit Sardellenmarinade

Die Knoblauchzehe schälen und fein hacken. Die Kapern abtropfen lassen und hacken. Die Chilischote ebenfalls hacken. Knoblauchzehe, Kapern, Zitronenschale und Chili mit dem Olivenöl in einer Schale mischen. Die Sardellen grob zerkleinern und dazugeben. Die Minzezweige waschen, trockenschütteln, die Blätter von den Stängeln zupfen und in Streifen schneiden.

Das Kängurufleisch von Haut und Sehnen befreien, waschen, trockentupfen und in die Marinade legen. Etwa 1 Stunde durchziehen lassen.

Den Grill vorheizen (Holzkohle- oder Backofengrill). Das Fleisch aus der Marinade nehmen und trockentupfen. Auf den Grill legen und von beiden Seiten etwa 6 Minuten grillen, bis es eine goldbraune Farbe hat. Je nach gewünschter Garstufe noch weiter grillen oder vom Rost nehmen. Das Fleisch würzen und in Alufolie 10 Minuten ruhen lassen.

Die Marinade in einem Topf erwärmen und den Zitronensaft einrühren. Bis kurz vor dem Siedepunkt erhitzen und über das Fleisch geben. Mit Gemüse nach Wahl und Kartoffelkroketten servieren.

2005 Shiraz
Diamond Label
Rosemount Estate,
Australien

Nach der schonenden Vinifikation der Trauben werden kleine Partien des Weines für 10 Monate in Eichenholz ausgebaut. Der Shiraz in tiefem Rubinrot ist ein ausdrucksvoller Wein und vermählt in seinem großzügigen Bukett Andeutungen von Gewürzen und intensive, dunkle Fruchtaromen. Am Gaumen komplex mit Schichten von saftig konzentrierten schwarzen Früchten (Waldbeere, Schwarzkirschen) und Gewürznoten vor einem Hintergrund von zartem Eichenholz, das die Aromen sanft strukturiert und stützt, im Finale weich mit wunderschöner Länge.

Wildschweinlende in Speck

Das Wildschweinfleisch waschen, trockentupfen und in vier Stücke à 100 g schneiden. Das Fleisch mit Salz und Pfeffer würzen.

Den Backofen auf 180 °C (Umluft 160 °C) vorheizen. Die Fleischstücke in einer Pfanne im heißen Öl von beiden Seiten einige Sekunden scharf anbraten. Herausnehmen und mit den Speckscheiben umwickeln. Mit Holzstäbchen feststecken. Das Fleisch in eine ofenfeste Form legen und im Ofen etwa 12 Minuten braten.

Die Zwiebel schälen und hacken. In derselben Pfanne glasig dünsten. Den Wein angießen und die Flüssigkeit zur Hälfte einkochen. Die Salami in streichholzgroße Stücke schneiden, den Lachs würfeln. Mit den Salamistreifen und der Sahne zum Wein geben und bis auf ein Drittel reduzieren. Die Butter einrühren und erhitzen, nicht kochen.

Die Fleischstücke auf Tellern anrichten und mit der weißen Creme überziehen. Dazu Polenta reichen

Wildschweinlende in Speck

Für 4 Portionen
400 g Wildschweinfilet
Salz, Pfeffer
1 El Olivenöl
4 Scheiben Schinkenspeck
1 kleine Zwiebel
100 ml Weißwein
50 g Hirschsalami
50 g geräucherter Lachs
200 g Sahne, 25 g Butter

Zubereitungszeit: 30 Minuten
(plus Brat- und Kochzeit)
Pro Portion ca. 410 kcal/1722 kJ
30 g E · 30 g F · 2 g KH

Wildschweine gibt es in Australien und Neuseeland seit dem 19. Jahrhundert. Damals wurden sie eingeführt, um die Schlangen zu bekämpfen. Sie vermischten sich bald mit ausgewilderten Hausschweinen. Heute sind sie mangels natürlicher Feinde zur Plage geworden, weil sie junge Lämmer reißen. Das Fleisch der Wildschweine ist etwas fettreicher als anderes Wild, aber saftig und wohlschmeckend.

Lammkoteletts mit Maniok

Für 4 Portionen
1 Maniok, Salz, Pfeffer
50 g Butter
4 Lammkoteletts (französische Art)
je 2 El frisch gehackter Estragon, Minze und Petersilie
2 El Olivenöl, 1 Zwiebel
1 Tl getrockneter Estragon
2 El Estragonessig
125 ml Rotwein
250 ml braune Sauce (Fertigprodukt)

Zubereitungszeit: ca. 40 Minuten (plus Gar-, Brat- und Backzeit)
Pro Portion ca. 527 kcal/2213 kJ
40 g E · 36 g F · 4 g KH

Lammkoteletts mit Maniok
Den Maniok waschen und in kochendem Wasser bissfest garen. Dann abgießen, schälen und das Fleisch im Mixer pürieren. Mit Salz und Pfeffer würzen. Aus dem Püree vier Kuchen formen und in 25 g Butter goldbraun braten. Warm stellen.

Den Backofen auf 180 °C (Umluft 160 °C) vorheizen. Die Lammkoteletts waschen, trockentupfen und mit den Kräutern einreiben. Mit Salz und Pfeffer würzen. Das Öl in einer gusseisernen Pfanne erhitzen und die Lammkoteletts darin von beiden Seiten anbraten. Im Ofen bis zur gewünschten Garstufe weiterbraten, jedoch nicht länger als 15 Minuten, sonst werden die Koteletts trocken.

Die Zwiebel schälen und fein hacken. Mit Estragon, Essig und Wein in einen Topf geben und um ein Drittel einkochen lassen. Die braune Sauce einrühren und aufkochen. Den Topf vom Herd nehmen und die restliche Butter in die Sauce rühren. Die Sauce auf Teller verteilen, die Lammkoteletts darauf legen. Dazu die Maniokkuchen servieren.

Maniok, auch als Tapioka bekannt, ist die Wurzel eines Strauches, der bis zu 3 m hoch wird. Er gedeiht vor allem in tropischem und subtropischem Klima. In vielen Ländern Afrikas und Südamerikas gehört Maniok zu den Grundnahrungsmitteln. Die Wurzeln sind sehr stärke- und kohlehydrathaltig und enthalten viel Vitamin C, Eisen, Kalium und Magnesium. Sie werden sowohl als Gemüse zubereitet wie auch zu Mehl, Flocken, Stärke und Perlsago verarbeitet.

Hirsch-Chili

Hirsch-Chili

Die Zwiebeln und die Knoblauchzehen schälen und hacken. Den Stangensellerie putzen, waschen und in Würfel schneiden. Das Öl in einem Schmortopf erhitzen und die Zwiebeln darin glasig dünsten, Knoblauch und Sellerie zugeben und alles weitere 8 Minuten dünsten.

Das Hirschhackfleisch in eine Pfanne geben und unter Rühren gut anbraten. Die Tomaten mit Saft, Wildfond, Wein und Cognac und die restlichen Gewürze sowie Kakaopulver hinzufügen und gut mischen. Das Chili etwa 1 Stunde 20 Minuten köcheln.

In der Zwischenzeit die Bohnen abtropfen lassen und nach der Garzeit zum Chili geben. Das Gericht weitere 20 Minuten köcheln, dann sofort servieren. Mit glatter Petersilie bestreuen und frisches Brot dazu reichen.

Für 4 bis 6 Portionen
2 Zwiebeln, 4 Knoblauchzehen
1–2 Stangensellerie
2 El Olivenöl
500 g Hirschhackfleisch (vom Metzger durch den Fleischwolf drehen lassen)
750 g Tomaten aus der Dose
200 ml Wildfond
100 ml Rotwein, 1 cl Cognac
2 El Tomatenmark
1 El gemahlener Kreuzkümmel
1 kleine getrocknete Chilischote
1/2 Tl gemahlener Piment
1 Tl Kakaopulver
750 g Kidneybohnen aus der Dose
3 El frisch gehackte Petersilie

Zubereitungszeit ca. 30 Minuten
(plus Schmor- und Garzeit)
Pro Portion ca. 455 kcal/1911 kJ
70 g E · 5 g F · 50 g KH

Tipp

Noch frischer ist das Hackfleisch, wenn Sie das Hirschfleisch zu Hause selbst durch den Fleischwolf drehen. Nach dem Zerkleinern sofort verarbeiten!

KALBSSTEAKS IN GRÜNEM TEE MIT KREBSFLEISCH

KALBSKOTELETTS IN CURRYRAHM-SAUCE MIT ZUCCHINIGEMÜSE

KALBSKOTELETTS IN CHAMPAGNER SAUCE MIT SCHINKENSTREIFEN

RINDERSTEAKS IN COGNACSAUCE MIT PAPRIKA-ZWIEBEL-GEMÜSE

KROKODILSTEAK IN SAFRAN-SAUCE MIT SPINAT

LAMMKOTELETTS IN MINZTEE MIT FENCHELGEMÜSE

Kalbskoteletts in grünem Tee mit Möhrengemüse

Für 6 Portionen
1 Gemüsegurke*
6 Kalbskoteletts à 200 g*
Salz, Pfeffer
1 Tl grüne Teeblätter*
3 El Butter
2 Schalotten*
1 Knoblauchzehe*
3 El Sonnenblumenöl
2 El Mirin*
2 El Kapern*
50 g schwarze Oliven ohne Stein*
1 Tl Zucker
4 Tl Ingwersaft (aus zerdrücktem Ingwer gewonnen)*
100 ml Kalbsfond*
350 g Crème fraîche*

Für das Möhrengemüse*:
1 Zwiebel
400 g Möhren
2 El Olivenöl
2 El Marsala

Zubereitungszeit: ca. 40 Minuten (plus Zeit zum Gefrieren, Brat- und Kochzeit)
Pro Portion ca. 638 kcal/2679 kJ
54 g E · 40 g F · 13 g KH

Kalbskoteletts in grünem Tee mit Möhrengemüse
Die Gurke heiß waschen und längs in vier Teile schneiden. Die Kerne entfernen und das Gurkenfleisch in 1 cm dicke Stücke schneiden. Im Gefrierschrank gefrieren lassen, bis sie fest sind. Die Koteletts waschen und trockentupfen, mit Salz und Pfeffer würzen.

Die Teeblätter in 3 El heißes Wasser geben und 3 Minuten ziehen lassen, dann abgießen. Die Butter in einer Pfanne erhitzen. Die Koteletts in der heißen Butter von beiden Seiten etwa 5 Minuten braten. Das Fleisch auf einen Teller geben und warm stellen. Das Bratfett beiseite stellen.

Die Schalotten und die Knoblauchzehen schälen und hacken. Im heißen Sonnenblumenöl glasig dünsten. Gefrorene Gurken, Mirin, Kapern und gehackte Oliven zugeben und mit Salz, Zucker und Ingwersaft würzen. Den grünen Tee hinzufügen und alles 2 Minuten köcheln.

Das Bratfett mit Kalbsfond ablöschen und auf ein Drittel einkochen lassen. Die Crème fraîche einrühren und die Sauce noch 5 Minuten weiterköcheln. Die Grüne-Tee-Mischung unter die Sauce rühren.

Für das Möhrengemüse die Zwiebel schälen und hacken. Die Möhren waschen, schälen und in Scheiben schneiden. Im heißen Öl andünsten und den Marsala zugießen. Die Möhren unter Rühren etwa 8 Minuten garen, dann mit Pfeffer und Salz abschmecken.

Die Kalbskoteletts mit der Sauce und dem Möhrengemüse servieren. Dazu Gnocchi reichen.

* Die mit einem Sternchen versehenen Zutaten können ausgetauscht werden. Gewürze und Kräuter je nach Belieben.

Kräuter-Lammroulade mit gegrillter Aubergine

Kräuter-Lammroulade mit gegrillter Aubergine
Das Lammfleisch waschen, trockentupfen und flach klopfen. Alle Zutaten für die Kräutermarinade gut miteinander verrühren.

Die Auberginen putzen, waschen und in Scheiben schneiden. Unter dem heißen Grill weich garen. Dann abkühlen lassen und würfeln. Die Zwiebel im heißen Fett knusprig frittieren, das Paniermehl goldbraun rösten. Die Zutaten mit der Kräutermarinade verrühren und mit Salz und Pfeffer würzen.

Für 4 Portionen
4 Lammrückenfilets à 200 g

Für die Kräutermarinade:
2 geschälte und gehackte Knoblauchzehen
1/2 Tl gehackte Chilischote
1/2 Tl zerstoßene Pfefferkörner
1/2 Tl Sumach
je 3 El frisch gehackte Petersilie und Koriander
1 El frisch gehackte Minze
1 Tl abgeriebene Schale von 1 unbehandelten Zitrone
50 ml Olivenöl

2 Auberginen
1 Zwiebel, geschält und in Ringe geschnitten
2 El Pflanzenöl
150 g Paniermehl
3 Tl Kräutermarinade (siehe oben)
Salz, Pfeffer

Für die Rotweinsauce:
1 Zwiebel
6 Knoblauchzehen
1 rote Paprikaschote
1 El Olivenöl, 2 Tomaten
100 ml Balsamessig
2 El Portwein
750 ml Cabernet Sauvignon

Zubereitungszeit: ca. 30 Minuten
(plus Zeit zum Durchziehen, Koch- und Garzeit)
Pro Portion ca. 357 kcal/1499 kJ
35 g E · 7 g F · 35 g KH

Die Lammstücke flach ausbreiten und würzen. Jedes Stück mit Auberginenfüllung belegen und zusammenrollen. Mit Rouladennadeln oder Küchengarn fixieren. Die Rouladen mit der restlichen Kräutermarinade bestreichen und über Nacht durchziehen lassen.

Für die Rotweinsauce die Zwiebel und den Knoblauch schälen und grob zerkleinern. Die Paprikaschote putzen, waschen, entkernen und hacken. Diese Zutaten im heißen Öl 2 Minuten andünsten. Die Tomaten waschen, von den Stielansätzen befreien und hacken. Mit Essig, Portwein und Wein zum Zwiebel-Paprika-Gemisch geben und zur Hälfte einkochen. Die Sauce durch ein Sieb streichen und bis auf 250 ml einkochen.

Die Lammrouladen in einem Schmortopf gut anbraten. Bei mittlerer Temperatur etwa 25 Minuten abgedeckt im eigenen Saft garen. Anschließend jede Roulade in drei Scheiben schneiden. Mit der Rotweinsauce servieren.

Als **Sumach** wird ein Gewürz bezeichnet, das aus den Steinfrüchten des Gewürzsumachs herbestellt wird. Der Baum, auch Färber- oder Essigbaum genannt, kommt in Sizilien, der Türkei, in Arabien und Zentralasien vor. Die intensiv roten Früchte werden getrocknet und samt Stein gemahlen und ergeben dann einen sehr intensiven, leicht säuerlichen Geschmack, der aufgrund der Fruchtsäuren entsteht, die im Sumach enthalten sind. Bei sehr hochwertigem Sumach wird nur das Fruchtfleisch vom Stein abgeschält und verwendet.

Mit Sumach werden gerne Fleisch- und Reisgerichte gewürzt. Die Sumach-Früchte sollen neben ihrer geschmacklichen auch eine antioxidative und zellschützende Wirkung haben.

Tipp: Das Chilirelish können Sie in größerer Menge zubreiten und in fest verschließbare Gläser füllen. Es hält sich auf diese Weise etwa 3 Monate. Statt zu Wild passt es auch zu Lamm- oder Rindfleisch und Wildgeflügel. Die Chilischoten sollten frisch sein. Statt der Tomaten können Sie auch Zucchini für das Relish nehmen.

Für 6 Portionen
Für das Chilirelish:
500 g Tomaten, 1 rote Zwiebel
1 Knoblauchzehe
1 rote Chilischote
1 El brauner Zucker
100 ml Balsamessig
Salz, Pfeffer

Für das Risotto:
250 g Frühstücksspeck
3 Knoblauchzehen
1 El Olivenöl, 1 l Hühnerbrühe
400 g Arborioreis
100 g frisch geriebener Parmesan
200 g Sahne
½ Bund frisch gehackte Petersilie

6 Hirschsteaks à 200 g
2 El Olivenöl

Zubereitungszeit ca. 45 Minuten
(plus Koch-, Brat- und Backzeit)
Pro Portion ca. 595 kcal/2499 kJ
39 g E · 23 g F · 56 g KH

Hirschsteaks mit Risotto und Chilirelish

Hirschsteaks mit Risotto und Chilirelish

Für das Relish die Tomaten waschen, heiß überbrühen, von Stielansätzen, Häuten und Kernen befreien und hacken. Die Zwiebel und die Knoblauchzehe schälen und hacken. Die Chilischote putzen, waschen, entkernen und hacken. Diese Zutaten mit dem Zucker im Mixer pürieren. Mit dem Essig in einen Topf geben und etwa 2 Stunden unter gelegentlichem Rühren köcheln. Mit Salz und Pfeffer abschmecken.

Für das Risotto den Speck in feine Würfel schneiden. Die Knoblauchzehen schälen, fein hacken und im heißen Öl andünsten, dann den Reis zugeben. Die Hühnerbrühe erhitzen und nach und nach zum Reis geben. Wenn der Reis die Brühe komplett aufgesogen hat und cremig ist, Speck, Parmesan und Sahne einrühren und die Petersilie unterheben.

Den Backofen auf 180 °C (Umluft 160 °C) vorheizen. Die Hirschsteaks von Häuten und Sehnen befreien, waschen und trockentupfen. Mit Salz und Pfeffer würzen. Das Öl in einer Pfanne erhitzen und die Hirschsteaks darin von beiden Seiten anbraten. Im Ofen in etwa 8 Minuten weiterbraten, bis die gewünschte Garstufe erreicht ist. Danach 3 Minuten ruhen lassen.

Das Risotto auf Teller verteilen und die Steakscheiben darauf legen. Das Chilirelish darüber geben.

2004 BIN 407
Cabernet Sauvignon
Penfolds, Australien

Der kalkhaltige Boden um Adelaide lässt hier besonders duftende, aromatische Weine entstehen. Der BIN 407 im tiefen Purpurrot verkörpert den klassischen Cabernet-Typ. Das Bukett ist jugendlich und rebsortenspezifisch mit Anklängen an Kaffee- und Pflaumenaromen mit einem Hauch von Zedernholz. Im Geschmack begeistert er mit feiner Rasse und Würze durch Aromen von schwarzen Johannisbeeren, etwas pfeffrig mit spürbarem Tannin. Ein Bilderbuch-Cabernet, der den Rebsortencharakter zum Ausdruck bringt, mittelgewichtig mit der Fruchtigkeit im Vordergrund.

Rinderfilet im Speckmantel

Rinderfilet im Speckmantel
Die Rinderfilets waschen und trockentupfen. Mit dem Speck umwickeln und mit einem Zahnstocher feststecken. Die Bohnen putzen, waschen und in kochendem Salzwasser etwa 12 Minuten bissfest garen. Abgießen, abtropfen lassen und warm stellen.

Das Olivenöl in einer Pfanne erhitzen und die Steaks darin etwa 10 Minuten braten, dabei einmal wenden. Auf eine vorgewärmte Platte legen und warm stellen.

Den Bratensatz mit der Rinderbrühe ablöschen und die Pfefferkörner einrühren. Die Sauce bis zu einer sämigen Konsistenz einkochen.

Jedes Steak mit einer Scheibe Blauschimmelkäse belegen und mit etwas Sauce auf Tellern anrichten. Mit Thymianzweigen garnieren. Dazu die grünen Bohnen und Couscous reichen.

Für 4 Portionen
4 Rinderfilets à 180 g
4 Scheiben Schinkenspeck
300 g grüne Bohnen
Salz
50 ml Olivenöl
250 ml Rinderbrühe
40 rosa Pfefferkörner
4 dünne Scheiben Blauschimmelkäse
4 Thymianzweige zum Garnieren

Zubereitungszeit: ca. 40 Minuten
(plus Gar-, Brat- und Kochzeit)
Pro Portion ca. 400 kcal/1680 kJ
47 g E · 21 g F · 3 g KH

Rosa Pfeffer sind die Beeren des Brasilianischen Pfefferbaumes, der botanisch zu den Sumachgewächsen gehört und mit dem schwarzen Pfefferstrauch nichts zu tun hat. Oft werden die Zweige mit den dicht wachsenden roten Beeren auch als Weihnachtsschmuck verwendet. Ihr Geschmack ist nicht scharf, sondern mild und aromatisch. Daher können sie zum Würzen in größeren Mengen genommen werden als richtiger Pfeffer.

Krokodilsteak mit Zitronengras

Für 4 bis 6 Portionen
2 Karotten
1 Stangensellerie
2,5 cm Ingwerwurzel
2 Stängel Zitronengras
6 Krokodilsteaks
75 ml Fischsauce
1 El Sojaöl
6 Zitronenscheiben
1 Bund frisch gehackter Koriander
1 El frisch gehackte Minze
1 El geröstete schwarze Sesamsamen

Zubereitungszeit: ca. 20 Minuten (plus Grillzeit)
Pro Portion ca. 216 kcal/907 kJ
25 g E · 4 g F · 13 g KH

Krokodilsteak mit Zitronengras
Den Grill vorheizen. Die Karotten schälen, den Stangensellerie putzen und waschen. Das Gemüse in dünne Streifen schneiden. Den Ingwer schälen und fein reiben. Das Zitronengras schälen und nur die zarten Teile fein hacken.

Sechs Quadrate (30 x 30 cm) von Alufolie ausbreiten. Das Gemüse mit Ingwer und Zitronengras darauf verteilen.

Die Krokodilsteaks waschen, trockentupfen und jeweils ein Steak auf eine Folie legen. Die Fischsauce mit dem Sojaöl mischen und über das Fleisch träufeln. Mit je einer Zitronenscheibe belegen.

Die Alufolie gut verschließen und die Päckchen auf den Grillrost setzen. 6 bis 8 Minuten grillen, je nach gewünschter Garstufe. Die Päckchen öffnen und die Krokodilsteaks in der Folie mit Koriander, Minze und Sesamsamen bestreuen.

Krokodilfleisch zu essen mag manchem noch sehr exotisch vorkommen. Doch wer es einmal probiert hat, ist begeistert. Das Fleisch, das meist vom Krokodilschwanz stammt, ist weiß und zart wie Putenfleisch und schmeckt ähnlich. Es ist auch wie jenes proteinreich und fettarm. Die Zubereitung ist sehr einfach, es kann kurz gebraten oder wie Hühnerfleisch verarbeitet werden. Krokodilfleisch stammt grundsätzlich aus Zuchtbetrieben.

Geflügel

Geflügelfleisch hat in den letzten Jahren bei den Verbrauchern an Ansehen gewonnen.

Es ist zart, fettarm und eiweißreich, enthält wenig Cholesterin und ist gut verdaulich.

Gab es in früheren Jahrhunderten nach alter englischer Sitte Geflügel nur an Festtagen, kommt heute auch in Australien und Neuseeland das Fleisch von Haus- und Wildgeflügel öfter auf den Teller. Auch die Auswahl ist weit größer ist als in anderen Ländern.

Zu den einheimischen und größten Vögeln in Australien zählen die Emus. Sie standen bereits auf den Speisezetteln der Ureinwohner, die die schnellen Laufvögel fingen, indem sie die Wasserstellen der Vögel mit Betäubungsmittel versahen. Das Fleisch der Emus fand auch bei den Kolonialisten Anklang, da es ähnlich wie Rind schmeckt. Heute leben Emus auf dem gesamten australischen Kontinent. Die Tiere für den Verzehr werden, wie die Strauße, in Farmen gezüchtet. Weitere Geflügelarten sind Fasane, Wildenten, Rebhühner, Perlhühner, Wachteln und natürlich Truthähne und Haushühner. Sie werden, mit Ausnahme der Fasane und Wildenten, in Farmen gehalten.

Geflügel

Bei der Zubreitung von Geflügel haben sich die Köche wie bei anderen Fleischsorten auch einiges einfallen lassen.

Die Einwanderer aus Europa, Asien und Amerika trugen mit ihren nationalen Küchen dazu bei, dass fantasievolle Kreationen entstanden und Geflügelgerichte der feinen Art wieder vermehrt auf den Speisekarten der gehobenen Restaurants zu finden sind.

Das geschmacklich eher unaufdringliche Fleisch von Huhn und Pute wird gerne gegrillt oder gebraten mit fruchtigen Saucen und Gemüsegerichten serviert. Die Zubereitungsart kann asiatisch, arabisch oder mediterran geprägt sein.

Steaks von Strauß und Emu landen meist auf dem Grillrost und kommen mit einem würzigen Dip oder einer Knoblauchsauce auf den Tisch.

Eine Entenbrust wird zum Beispiel mit einem köstlichen Jus aus Linsen und Portwein serviert, ein Fasan geschmacklich mit Thymian verfeinert.

Nicht verwechseln darf man das australische Colonial Goose (Kolonialgans) mit einem Gänsebraten, es ist nur die Verunglimpfung eines Hammelgerichtes, die in einer Zeit entstand, als Hammelfleisch in großen Mengen verfügbar war.

ZITRONENHÄHNCHEN MIT RATATOUILLE

ZITRONENHÄHNCHEN MIT COUSCOUS

PAPRIKAHÄHNCHEN MIT SÜßKARTOFFELGEMÜSE

SAFRANHÄHNCHEN MIT SPROSSENGEMÜSE

KRÄUTERHÄHNCHEN MIT ERBSEN-KAROTTEN-GEMÜSE

LIMETTENHÄHNCHEN MIT GRÜNEM PAPAYA-CHILI-GEMÜSE

Zitronenhähnchen mit Kichererbsengemüse

Für 4 Portionen
2 Knoblauchzehen*
1/4 Tl chinesisches Fünf-Gewürz-Pulver
50 ml Apfelessig*
50 ml Zitronensaft*
abgeschälte Schale von 1 Zitrone*
60 ml Sonnenblumenöl
1 Hähnchen (ca. 1,5 kg)

Für das Kichererbsengemüse:
250 g getrocknete Kichererbsen*, Salz
75 g durchwachsener Speck*
200 g Tomaten*
je 1/2 rote und grüne Paprikaschote*
2 Frühlingszwiebeln*
1 Knoblauchzehe*
2 El Tomatenmark*
5 kleine getrocknete Chilischoten
1/2 Tl getrockneter Oregano
Pfeffer

Zubereitungszeit: ca. 30 Minuten (plus Zeit zum Marinieren und Einweichen, Brat- und Kochzeit)
Pro Portion ca. 485 kcal/2037 kJ
39 g E · 25 g F · 21 g KH

Zitronenhähnchen mit Kichererbsengemüse

Die Knoblauchzehen schälen und hacken. Mit Fünf-Gewürz-Pulver, Essig, Zitronensaft, Zitronenschale und Öl in einer hohen Schüssel mischen. Das Hähnchen waschen und trockentupfen. In die Schüssel geben und gut mit der Marinade überziehen. Abgedeckt 24 Stunden marinieren.

Den Backofen auf 180 °C (Umluft 160 °C) vorheizen. Das Hähnchen aus der Marinade nehmen und in die Fettpfanne des Ofens setzen. Im Ofen 45 bis 60 Minuten braten. Zwischendurch mehrmals mit der Marinade einpinseln.

Die Kichererbsen über Nacht in kaltem Wasser einweichen, abgießen und mit kaltem Wasser abspülen. In einen Topf mit gesalzenem Wasser geben, aufkochen und 10 Minuten sprudelnd kochen, die Temperatur reduzieren und die Kichererbsen weitere 45 Minuten köcheln.

Den Speck von der Schwarte befreien, in Würfel schneiden, den Knoblauch schälen und fein hacken. Die Tomaten heiß überbrühen, von Stielansätzen, Häuten und Kernen befreien und würfeln. Die Paprikaschoten putzen, waschen, entkernen und in Würfel schneiden. Die Frühlingszwiebeln putzen, waschen und in Ringe schneiden. Die getrockneten Chilis im Mörser fein zerstoßen.

Die Kichererbsen abgießen und abtropfen lassen. Den Speck in einer heißen Pfanne auslassen, Knoblauch und Paprikawürfel zugeben und alles weiterdünsten, bis die Paprika weich ist. Tomaten, Frühlingszwiebeln, Chilis, Tomatenmark und 100 ml Wasser zugeben und mit Oregano, Pfeffer und Salz würzen.

Die abgetropften Kichererbsen unterrühren und alles 10 Minuten köcheln. Das Hähnchen in Stücke schneiden und mit dem Kichererbsengemüse servieren.

* Die mit einem Sternchen versehenen Zutaten können ausgetauscht werden. Gewürze und Kräuter je nach Belieben.

Wachteln zählen zu den Feldhühnern, die einst Zugvögel waren. Die aus Afrika oder Asien stammenden Vögel wurden schnell domestiziert, da sie in Gefangenschaft leicht zu halten sind: Mittlerweile gibt es weltweit etwa 200 Wachtelarten. Die eher kleinen Tiere haben einen gedrungenen Körperbau. Gezüchtete Exemplare wiegen zwischen 150 und 300 g. Ihr Fleisch ist sehr delikat, darf aber bei der Zubereitung nicht austrocknen. Auch die kleinen, getupften Wachteleier sind eine Delikatesse. Wachteln werden im Ganzen zubereitet und geschmort, gedämpft oder gebraten. Aus dem samt Knochen zerkleinerten Fleisch werden Pasteten und Terrinen hergestellt. Wachtelfleisch schmeckt sehr gut in Verbindung mit Früchten wie Trauben, Kirschen oder Pflaumen.

Gewürzte Wachtel aus dem Ofen mit Fenchel

Gewürzte Wachtel aus dem Ofen mit Fenchel

Den Backofen auf 180 °C (Umluft 160 °C) vorheizen. Die Wachteln waschen, trockentupfen, halbieren und mit dem Mehl bestäuben. Die Gewürze mischen und die Wachtelhälften damit einreiben.

Das Öl in einer Pfanne erhitzen und die Wachtelhälften darin gut anbraten. Auf ein Backblech setzen und im Ofen etwa 8 Minuten braten.

Die Fenchelknollen putzen, waschen, halbieren und die harten Stellen entfernen. Dann in dünne Scheiben und diese in Streifen schneiden. Das Öl mit der Butter in einem Topf erhitzen und die Fenchelstreifen darin unter Rühren andünsten. Den Wein zugeben und die Streifen darin etwa 2 Minuten köcheln. Mit Salz, Pfeffer und Limettensaft abschmecken und den Kerbel unterheben.

Die Wachteln aus dem Ofen nehmen. Das Fenchelgemüse auf Teller verteilen und jeweils zwei Wachtelhälften übereinander darauf legen. Dazu nach Belieben einen pikanten Dip reichen.

Für 4 Portionen
4 küchenfertige Wachteln
3 El Mehl
Meersalz, Pfeffer
1/2 Tl Paprikapulver
1/2 Tl Kreuzkümmel
1/2 Tl Piment
1 El Sesamöl

Für das Fenchelgemüse:
2 große Fenchelknollen
1 El Olivenöl
1 El Butter
100 ml Weißwein
Saft von 1/2 Limette
2 El frisch gehackter Kerbel

Zubereitungszeit: ca. 30 Minuten
(plus Brat- und Kochzeit)
Pro Portion ca. 310 kcal/1302 kJ
36 g E · 14 g F · 5 g KH

Fenchel ist ein sehr vielseitiges Gemüse. Bereits die Samen werden als verdauungsfördernder Tee oder aromatisches Gewürz geschätzt. Die Fenchelknollen sind die eigentlichen Wurzeln der Fenchelpflanze. Aus den weißen, zwiebelförmig übereinander liegenden Blattschichten wachsen die grünen Stängel heraus, die bis zu 1,80 m hoch werden können. Der anisartige Geschmack des Fenchels macht ihn für Fisch- sowie für viele Fleisch- und Geflügelgerichte zu einer beliebten Beilage. Dazu wird der Fenchel geschmort oder gedämpft. In roher Form werden die zarten inneren Schichten der Knolle in Streifen geschnitten und als Salat gereicht.

Anchovis sind kleine Fische, die zwischen 12 und 20 cm lang werden und etwa 50 g wiegen. Die auch als Sardellen bekannten Fische werden seltener einfach so gegessen, sondern häufiger zum Würzen verwendet. Da sie sehr schnell verderben, werden sie kaum frisch angeboten, sondern in Salzlake oder Öl eingelegt. In dieser Form verwendet man sie gerne zum Zubereiten von Tapenaden oder Anchoiaden. Mit Anchovisextrakt werden Saucen gewürzt, Anchovisbutter reicht man zu Fleisch und Fisch.

Für 4 Portionen

Für die Feigen-Tapenade:

5–6 Feigen

2 El Brandy

3 Anchovisfilets

50 g schwarze Oliven ohne Stein

60 ml Olivenöl, 1 El Kapern

1 El Zitronensaft, 1 El Balsamessig

1 Tl Dijon-Senf, Salz, Pfeffer

16 Hühnerlebern, 4 El Mehl

2 El Butter

1 kleine Zwiebel

2 El Marsala, 2 El Himbeeressig

Zubereitungszeit: ca. 30 Minuten
(plus Schmor- und Bratzeit)
Pro Portion ca. 297 kcal/1247 kJ
14 g E · 20 g F · 14 g KH

Geflügelleber mit Feigen-Tapenade

Geflügelleber mit Feigen-Tapenade

Für die Tapenade die Feigen waschen und hacken. Mit 60 ml Wasser und dem Brandy in einen Topf geben und etwa 5 Minuten köcheln.

Die Anchovisfilets würfeln. Die Oliven hacken. Die restlichen Zutaten für die Tapenade zu den Feigen geben und alles unter gelegentlichem Rühren weich schmoren.

Die Hühnerlebern waschen und trockentupfen. Mit Mehl bestreuen, das überschüssige Mehl abschütteln. Die Butter in einer Pfanne schmelzen und die Lebern darin bei hoher Temperatur von beiden Seiten braun braten.

Die Zwiebel schälen und hacken. Mit dem Marsala zu den Lebern geben und 2 Minuten mitschmoren. Die Lebern aus der Pfanne nehmen und auf vorgewärmten Tellern anrichten. Den Bratensaft mit Himbeeressig ablöschen und köcheln, bis die Sauce glasig wird.

Die Sauce über die Lebern löffeln. Mit Feigen-Tapenade und Rösti servieren.

Emusteak mit Rucola

Emusteak mit Rucola

Die Knoblauchzehe schälen und fein hacken. Das Olivenöl bis auf 3 El mit dem Knoblauch und den beiden Essigsorten in einer Schale mischen. Die Emusteaks waschen und trockentupfen. In die Marinade legen und mindestens 4 Stunden im Kühlschrank durchziehen lassen.

Für das Dressing den Essig mit dem Olivenöl verrühren und mit Salz und Pfeffer würzen. Die Chilischote fein zermahlen und unterheben. Den Rucola putzen, waschen und trockentupfen.

Die Steaks aus der Marinade nehmen. Das restliche Olivenöl erhitzen und die Emusteaks darin von beiden Seiten etwa 2 Minuten braten. Aus der Pfanne nehmen.

Den Rucola auf Tellern anrichten, die Pinienkerne darüber streuen und je ein Emusteak darauf legen. Die Sauce darüber geben. Dazu frisches Brot reichen.

Emusteak mit Rucola

Für 4 Portionen
1 Knoblauchzehe
150 ml Olivenöl
2 El Balsamessig, 2 El Sherryessig
4 Emusteaks à 200 g

Für das Dressing:
2 El Balsamessig
150 ml Olivenöl
Salz, Pfeffer
1/2 getrocknete Chilischote

500 g Rucola
150 g gehackte Pinienkerne

Zubereitungszeit: ca. 30 Minuten
(plus Zeit zum Marinieren und Braten)
Pro Portion ca. 702 kcal/2948 kJ
54 g E · 52 g F · 4 g KH

Emus zählen zu den Laufvögeln, das heißt, sie können nicht fliegen. Ihr Fleisch wurde schon von den Aborigines als wohlschmeckend erkannt, und die Tiere wurden auch von den Siedlern gejagt. Das Fleisch ist fettarm und zart und ähnelt geschmacklich dem Rindfleisch. Es wird aromatisch mariniert und dann gebraten oder gegrillt.

Perlhuhn in Estragon-Fenchel-Sauce

Für 4 Portionen
4 küchenfertige Perlhühner
Salz, 1 kleine Zwiebel
1 Knoblauchzehe
1 El Olivenöl
125 ml Weißwein
4 Estragonzweige
2 El gemahlener Fenchel
200 g Sahne

Zubereitungszeit: ca. 40 Minuten (plus Gar- und Kochzeit)
Pro Portion ca. 412 kcal/1730 kJ
32 g E · 28 g F · 3 g KH

Perlhuhn in Estragon-Fenchel-Sauce
Die Perlhühner waschen und trockentupfen. In Salzwasser etwa 3 Stunden bei geringer Temperatur garen. Anschließend das Perlhuhnfleisch von den Knochen lösen.

Die Zwiebel und die Knoblauchzehe schälen und fein hacken. Das Öl in einem Topf erhitzen und die Zwiebel mit dem Knoblauch darin glasig dünsten. Den Wein dazugießen.

Den Estragon waschen und trockenschütteln. Mit dem Fenchel in den Topf geben und die Sauce um die Hälfte einkochen. Dann die Estragonstiele aus dem Topf nehmen und die Sahne einrühren. Das Perlhuhnfleisch unterheben und das Ragout noch einige Minuten köcheln.

Mit Süßkartoffelpüree und eingelegtem Ingwer servieren.

2003 Naturaliste Yallingup White Margaret River, Australien

Gute Bodensorten, genug Sonnenstunden und – im warmen Australien sehr wichtig – gemäßigte Temperaturen zeichnen das Weingebiet Margaret River aus. Nahezu alle Weingärten liegen an der Westküste, wo eine kühle Meeresbrise die Hitze lindert. Dieser Naturaliste wird aus drei verschiedenen, handgelesenen Traubensorten hergestellt: Semillon, Sauvignon Blanc und Chenin. Der Wein wird ohne Eichenfassausbau abgefüllt. So entsteht ein voller, runder Weißwein, der den fettigen Geschmack des Semillon mit den Fruchtnoten der Sauvignon-Traube kombiniert.

Gefüllte Hähnchenkeule mit Rösti

Gefüllte Hähnchenkeule mit Rösti

Den Backofen auf 200 °C (Umluft 180 °C) vorheizen. Die Hähnchenkeulen und das Hähnchenbrustfilet waschen und trockentupfen. Vorsichtig die Knochen aus den Keulen lösen. Das Brustfilet in feine Würfel schneiden. Die entstandene Öffnung in den Keulen mit Salz und Pfeffer würzen und mit dem gewürfelten Hähnchenbrustfilet füllen. Mit Zahnstochern feststecken.

Die Butter schmelzen und die Hähnchenkeulen damit einstreichen. Auf ein Backblech legen und im Ofen etwa 20 Minuten braten, bis klare Flüssigkeit austritt. Die Keulen aus dem Ofen nehmen, die Zahnstocher entfernen, die Keulen fest mit Speckscheiben umwickeln und beiseite stellen.

Für die Rösti die Kartoffeln schälen und reiben. Die Kartoffeln ausdrücken, um die Feuchtigkeit herauszupressen. Die Kartoffeln in eine Schüssel geben und mit Salz und Pfeffer würzen. In der heißen Butter nacheinander knusprige kleine Kartoffelrösti backen. Auf Küchenpapier abtropfen lassen.

Die Hähnchenkeulen für weitere 10 Minuten in den heißen Ofen geben und den Speck knusprig backen. Mit den Kartoffelrösti auf Tellern anrichten. Dazu Tomatensalsa reichen.

Für 4 Portionen
4 große Hähnchenkeulen
200 g Hähnchenbrustfilet
Salz, Pfeffer
100 g Butter
8 Scheiben Frühstücksspeck

Für die Rösti:
4 mittelgroße Kartoffeln
100 g Butter

Zubereitungszeit: ca. 40 Minuten
(plus Brat- und Backzeit)
Pro Portion ca. 690 kcal/2898 kJ
40 g E · 45 g F · 29 g KH

2005 Clos Marguerite
Pinot Noir
Marlborough, Neuseeland

Der Eigentümer des Weingartens Jean-Charles van Hove hat in Bordeaux sein Önologiestudium absolviert. In kleinem Umfang erzeugt er einen hervorragenden Rotwein und lässt ihn etwa ein Jahr in kleinen Eichenfässern reifen. Dies ist ein komplexer, intensiv duftender Pinot Noir, das Aroma mit frischer Note von roten Früchten, Kirschen und feinem Eichenholz. Der ausgewogene, volle Geschmack ist zu Anfang rund und entwickelt sich aromatisch und elegant. Sehr sauberer, hochklassiger Rotwein!

GESCHMORTE ENTE MIT SPITZ-
KOHLGEMÜSE

GESCHMORTE ENTE MIT LINSEN-
GEMÜSE

GESCHMORTE ENTE MIT KÜRBIS-
GEMÜSE

GESCHMORTE ENTEN MIT PAK SOI

GESCHMORTE ENTE MIT GEMISCHTEM BOHNENGEMÜSE

GESCHMORTE ENTE MIT LAUCHGEMÜSE

Geschmorte Ente mit Rübengemüse

Für 4 Personen
2 Karotten*
2 Zwiebeln*
2 Manioks*
2 Pastinaken*
2 Knoblauchzehen*
3 Lorbeerblätter
6 Wacholderbeeren
½ Bund frisch gehackter Majoran
2 küchenfertige Bauernenten
Salz, Pfeffer

Zubereitungszeit: ca. 40 Minuten (plus Schmorzeit)
Pro Portion ca. 697 kcal/2927 kJ
48 g E · 43 g F · 28 g KH

Geschmorte Ente mit Rübengemüse

Die Karotten, Zwiebeln, Manioks, Pastinaken und Knoblauchzehen schälen und in kleine Würfel schneiden. Die Zutaten mit Lorbeerblättern, Wacholderbeeren und Majoran in einen Bräter geben und mit 60 ml Wasser bedecken.

Den Backofen auf 200 °C (Umluft 180 °C) vorheizen. Die Enten innen und außen gut waschen und mit Salz und Pfeffer einreiben. Auf das Gemüsebett setzen und im Ofen 45 bis 50 Minuten schmoren. Dann die Ofentemperatur auf 160 °C (Umluft 140 °C) herunterschalten und die Enten mit Alufolie bedecken. Weitere 25 Minuten schmoren, bis das Fleisch weich ist.

Die Enten aus dem Bräter nehmen und halbieren. Je eine halbe Ente mit etwas Rübengemüse auf Tellern anrichten. Den Bratenfond entfetten und durch ein Sieb gießen. Zu den Enten reichen.

* Die mit einem Sternchen versehenen Zutaten können ausgetauscht werden. Gewürze und Kräuter je nach Belieben.

2003 BIN 28
Kalimna Shiraz
Penfolds, Australien

Der BIN 28 ist das Paradebeispiel für einen australischen Shiraz, gekeltert aus Trauben, die bei wohliger Wärme ausreifen konnten, robust, mit opulenten, saftigen Aromen und ohne dominante neue Eiche oder exzessive Alkoholgrade. Kalimna heiß der 1962 erstmals gekelterte Shiraz nach dem berühmten Weinberg im Barossa Valley. Im Duft üppige, warmwürzige Shiraz-Aromen von Nelken, Zimt, Koriander, saftigen Pflaumen und Kirschen; später sind auch Lakritz und feine Vanille spürbar. Am Gaumen vollmundig mit mittlerem Körper und saftigen Aromen von Pflaumen, Kirschen und Beeren, die sich mit Noten von dunkler Schokolade, Mokka und Gewürzen mischen.

2005 Villa Maria Private Bin
Merlot Cabernet
Villa Maria Estate, Neuseeland

Private Bin Merlot Cabernet ist aus Trauben verschiedener Weinbergslagen rund um Napier, Hastings und den Gimblett Gravels zusammengestellt. Nicht zuletzt diese Vielfalt der Böden und Mikroklimas ist es auch, die den Weinen ihre besondere Komplexität verleiht. Dieser Wein zeichnet sich durch reife Aromen von schwarzen Johannisbeeren und Kirschen aus, auch etwas Zedernholz und zartes Biskuit (Eiche) scheinen durch. Am Gaumen vollmundig mit aromatisch eleganter Frucht und feinkörnigem Tannin.

Straußensteak mit Knoblauch

Straußensteak mit Knoblauch

Die Knoblauchzehen mit der Schale halbieren und in einem Topf mit wenig Wasser in etwa 15 Minuten weich schmoren.

Die Straußensteaks waschen und trockentupfen. Die Wacholderbeeren mit den Pfefferkörnern mischen und die Steaks damit gut einreiben. Die Gewürze fest andrücken. Das Fleisch einige Minuten zum Ruhen beiseite stellen.

Die Schalotte schälen und fein hacken. Mit dem Wein in einen Topf geben und bei mittlerer Temperatur etwa 5 Minuten köcheln, bis die Flüssigkeit fast verkocht ist.

Die Hühnerbrühe angießen und die Flüssigkeit auf 250 ml einkochen. Den weichen Knoblauch aus der Schale drücken, in die Sauce geben und alles pürieren.

Die Steaks mit Öl einpinseln und unter dem heißen Grill etwa 3 Minuten von jeder Seite grillen, sodass das Fleisch innen noch rosa ist. Mit der Knoblauchsauce servieren. Dazu Kartoffelbrei und einen grünen Salat reichen.

Für 4 Portionen
2 Knoblauchzehen
4 Straußensteaks à 200 g
1/2 Tl zerstoßene Wacholderbeeren
1 Tl zerdrückte Pfefferkörner
1 Schalotte
250 ml Rotwein
500 ml Hühnerbrühe
2 El Olivenöl

Zubereitungszeit: ca. 25 Minuten (plus Zeit zum Durchziehen, Koch- und Grillzeit)
Pro Portion ca. 292 kcal/1226 kJ
30 g E · 16 g F · 1 g KH

Strauße sind wie die Emus Laufvögel, darüber hinaus die größten Vögel der Welt. Schon seit langer Zeit werden die Vögel wegen ihres Fleisches, ihrer Federn und ihrer Haut geschätzt, aus der man Leder gewinnt. In Westasien, Nord- und Südafrika wurden daher die Straußarten vollkommen ausgerottet. Heute werden die Vögel weltweit gezüchtet, in Ostafrika kommen sie noch heute wild vor. Das Straußenfleisch ist sehr fett- und cholesterinarm und schmeckt wie Rindfleisch. Wie dieses kann es auch zubereitet werden.

Fasane schätzt man seit der Antike als schmackhaftes Wildgeflügelfleisch. Der zu den Hühnervögeln gehörende Fasan kam mit den Römern nach Europa und ist seitdem dort heimisch. In freier Wildbahn lebt er auf den Feldern, in Gehölzen und an Wasserläufen, wo er genügend pflanzliche Nahrung findet. Fasane werden jedoch auch gezüchtet. Ihr Fleisch ist hell und muskulös und lässt sich gut mit aromatischen Kräutern und herzhaften Saucen kombinieren. Es kann geschmort oder gebraten werden, darf aber nicht austrocknen.

Für 4 Portionen
2 küchenfertige Fasane
4 Tl Limettensaft
4 Tl abgeriebene Schale von 2 unbehandelten Limetten
20 Wacholderbeeren
2 Bund Thymian
125 ml trockener Weißwein
250 ml Brandy
75 ml Olivenöl
1 Zwiebel
2 Karotten
1 Stangensellerie
800 ml Kalbsfond
Salz, Pfeffer
250 g Wildreis
Fett für das Blech

Zubereitungszeit: ca. 40 Minuten (plus Zeit zum Marinieren, Brat- und Kochzeit)
Pro Portion ca. 450 kcal/1890 kJ
35 g E · 27 g F · 10 g KH

Gebackener Fasan mit Thymian und Wildreis

Gebackener Fasan mit Thymian und Wildreis

Die Fasane waschen und trockentupfen. Entlang der Wirbelsäule aufschneiden und flach drücken. Die Fasane in eine Schale legen und mit einer Mischung aus Zitronensaft, -schale, zerdrückten Wacholderbeeren und abgezupften Thymianblättern, 60 ml Wein und 60 ml Brandy übergießen. Mindestens 4 Stunden im Kühlschrank marinieren.

Den Backofen auf 220 °C (Umluft 200 °C) vorheizen. Die Fasane aus der Marinade nehmen und auf ein Backblech legen. Die Marinade mit dem Olivenöl mischen und die Fasane damit einpinseln. Im Ofen 15 bis 20 Minuten braten, dann noch 20 Minuten ruhen lassen und tranchieren.

Die Zwiebel und die Karotten schälen und hacken. Den Stangensellerie putzen, waschen und in Ringe schneiden. Das Gemüse auf ein tiefes, gefettetes Backblech geben und im Ofen bei 200 °C (Umluft 180 °C) etwa 20 Minuten garen. Dann restlichen Wein und Brandy sowie Hälse und Knochen der Fasane zugeben und köcheln, bis eine sirupartige Konsistenz entstanden ist. Mit dem Kalbsfond aufgießen, etwas einkochen, abschmecken und durch ein Sieb streichen.

Den Wildreis nach Packungsanweisung zubereiten. Das Fasanenfleisch im Ofen aufwärmen und mit der Sauce und dem Wildreis servieren.

Gefülltes Hähnchen mit Apfel-Wurst

Den Backofen auf 200 °C (Umluft 180 °C) vorheizen. Die Poularde innen und außen gut waschen und trockentupfen. Mit Salz und Pfeffer einreiben.

Die Schalotten schälen und fein hacken. Den Apfel waschen, schälen und das Kerngehäuse entfernen. Den Apfel fein hacken. Die Hälfte der Schalotten und der Apfelwürfel mit drei Vierteln des Bratwurstbräts sowie der Hälfte des Thymians und des Salbeis mischen und die Bauchhöhle der Poularde damit füllen. Mit Zahnstochern feststecken.

Die Poularde mit geschmolzener Butter bestreichen und in einem Bräter im Ofen etwa 1 Stunde 40 Minuten braten. Dann den Rest der Schalotten, des Apfels, der Bratwurstbrät und der Kräuter in den Bräter geben und die Poularde weitere 20 Minuten garen. 10 Minuten bei ausgeschaltetem Ofen ruhen lassen.

Die Poularde zerteilen und mit der Füllung und der Mischung aus dem Bratensaft servieren.

Gefülltes Hähnchen mit Apfel-Wurst

Für 4 Portionen

1 küchenfertige Poularde (ca. 1,6 kg)
Salz, Pfeffer
2 Schalotten
1 Apfel (Idared)
350 g Bratwurstbrät
1 El frisch gehackter Thymian
1 Tl frisch gehackter Salbei
2 El Butter

Zubereitungszeit: ca. 30 Minuten
(plus Zeit zum Braten und Ruhen)
Pro Portion ca. 575 kcal/2415 kJ
47 g E · 41 g F · 4 g KH

Als **Poularden** werden besonders schwer gemästete Hühner bezeichnet, die mehr als 1,2 kg wiegen. Sie werden etwa 10 bis 12 Monate gemästet und können dann ein Gewicht von bis zu 2,5 kg haben. Alle Hühner unter einem Gewicht von 1,2 kg kommen als Brathähnchen in den Handel. Wegen des hohen Fleischanteils schmecken Poularden am besten gegrillt.

Entenbrust mit Linsenjus

Für 6 Portionen
6 Entenbrüste mit Haut
1 Tl Meersalz, 1/2 Tl Pfeffer
Zesten von 1 unbehandelten Orange

Für den Linsenjus:
50 g Linsen, 4 Schalotten
1 Knoblauchzehe, 1 El Olivenöl
1 Tl Tomatenmark, 1 El Portwein

2 El Gänse- oder Entenschmalz
200 ml Entenfond
1 1/2 El Butter

Zubereitungszeit: ca. 30 Minuten
(plus Zeit zum Marinieren, Gar- und Bratzeit)
Pro Portion ca. 438 kcal/1839 kJ
31 g E · 32 g F · 2 g KH

Entenbrust mit Linsenjus
Die Entenbrüste von Fett befreien, waschen und trockentupfen. Die Haut der Entenbrüste kreuzweise einritzen. Mit Salz, Pfeffer und den Orangenzesten einreiben und 3 Stunden kühl stellen.

Die Linsen 25 Minuten in 600 ml ungesalzenem Wasser kochen, abgießen und abtropfen lassen. Die Schalotten und die Knoblauchzehe schälen und fein hacken. Im heißen Olivenöl weich dünsten. Tomatenmark und Portwein zugeben, aufkochen und 10 Minuten köcheln. Die Linsen zugeben und mit Salz und Pfeffer abschmecken.

Den Ofen auf 200 °C (Umluft 180 °C) vorheizen. Das Schmalz in einer Pfanne erhitzen und die Entenbrüste darin mit der Hautseite nach unten etwa 10 Minuten braten. Wenden und von der anderen Seite braten. Aus der Pfanne nehmen und im Ofen bei etwa 5 Minuten weiterbraten. Dann herausnehmen und warm stellen.

Den Entenfond in einem Topf erhitzen und mit der Linsenjus mischen. Nach und nach die Butter einrühren, bis eine sämige Sauce entstanden ist. Abschmecken. Die Entenbrüste in Scheiben schneiden und mit der Sauce servieren. Mit frischen Kräutern garnieren. Dazu Weiße-Rüben- und Rote-Bete-Gemüse reichen.

Linsen gehören zu den ältesten Nahrungsmitteln. Sie sind die Samen einer einjährigen Pflanze, die aus Asien stammt. Die nur 1 cm langen Hülsen enthalten ein bis zwei Linsen. Es gibt viele unterschiedliche Linsensorten, am bekanntesten ist die runde schalenlose, bräunliche Linse. Meist werden sie in Suppen und Eintöpfen verwendet oder zu Mehl verarbeitet. Als Beilage zu Fleisch und Geflügel, in Verbindung mit Weinen zeigen sie ihre geschmackliche Vielfalt.

Putensteak mit zweierlei Saucen

Putensteak mit zweierlei Saucen

Die Putensteaks waschen, trockentupfen und mit den gemahlenen Pepperleaves bzw. dem Pfeffer bestreuen. In einer Schale mit dem Öl beträufeln und mindestens 2 Stunden marinieren. Die getrockneten Wildfrüchte mit dem Traubensaft übergießen und 20 Minuten ziehen lassen.

Das Fleisch aus der Marinade nehmen und abtropfen lassen. In einer Pfanne von beiden Seiten etwa 2 Minuten braten, herausnehmen und warm stellen.

Die Hälfte des Bratensaftes in eine zweite Pfanne füllen. In eine Pfanne je 100 ml Fond, Rotwein und Crème fraîche geben und aufkochen. Die Wildfrüchte abtropfen lassen, hinzufügen und etwa 10 Minuten köcheln, bis die Sauce andickt. Mit Salz und Pfeffer abschmecken.

Die Pfirsiche heiß überbrühen, häuten, die Steine entfernen und das Fruchtfleisch würfeln. Sofort mit etwas Zitronensaft beträufeln. In der zweiten Pfanne mit dem Bratensaft, dem restlichen Fond und Rotwein erhitzen und die Pfirsichwürfel mit dem Buschtomatenpulver und der restlichen Crème fraîche darin 10 Minuten dick einkochen. Abschmecken.

Die Putensteaks auf Tellern anrichten und mit den beiden Saucen dekorativ umgeben.

Für 4 Portionen
6 Putensteaks à 200 g
6 gemahlene Pepperleaves oder schwarzer Pfeffer
175 ml Erdnussöl
30 g getrocknete Wildfrüchte
100 ml roter Traubensaft
200 ml Kalbsfond
200 ml trockener Rotwein
200 g Crème fraîche
Salz, Pfeffer
175 g feste Pfirsiche (oder australische Quandongs)
Saft von 1/2 Zitrone
10 g getrocknete, gemahlene Buschtomate

Zubereitungszeit: ca. 40 Minuten
(plus Zeit zum Marinieren, Brat- und Kochzeit)
Pro Portion ca. 922 kcal/3872 kJ
62 g E · 70 g F · 8 g KH

2005 Villa Maria Private Bin Pinot Noir Marlborough Villa Maria Estate, Neuseeland

Das 1961 gegründete Weingut Villa Maria Estate ist heute eine der erfolgreichsten neuseeländischen Kellereien im Privatbesitz, deren Weine aus den besten Trauben des Landes gekeltert werden. Dieser Pinot Noir glänzt im Glas in einem dichten Rot, die Nase trifft auf ein typisches Marlborough Pinot Noir-Bukett mit aromatisch reifen Kirschen und Himbeeren. Auch am Gaumen zeigt er reife Fruchtaromen, sehr komplex mit feiner Würze. Weiches, feinkörniges Tannin verleiht dem Wein zugleich seine definierte Struktur und frühe Genussreife.

TRUTHAHNBRUST MIT KARAMELLI-
SIERTEN APFELSCHEIBEN

HÄHNCHENBRUST MIT KARAMEL-
LISIERTEN PFIRSICHSPALTEN

ENTENBRUST MIT KARAMELLISIER-
TEN ORANGENSCHEIBEN

STRAUẞENSTEAK MIT KARAMELLISIERTEN BIRNEN

TRUTHAHNBRUST MIT KARAMELLISIERTEN ANANAS

EMUSTEAK MIT KARAMELLISIERTEN MÖHREN

Truthahnbrust mit Birnen in Karamell

Für 4 Portionen
4 Truthahnbrüste*
2 Knoblauchzehen*
100 ml Olivenöl
3 El Orangensaft*
Salz, Pfeffer
4 reife Birnen*
Saft von 1 Zitrone
60 g Butter
90 g Zucker

Zubereitungszeit: ca. 30 Minuten (plus Zeit zum Marinieren, Braten und Karamellisieren)
Pro Portion ca. 542 kcal/2276 kJ
36 g E · 26 g F · 40 g KH

Truthahnbrust mit Birnen in Karamell

Die Truthahnbrüste von Haut und Sehnen befreien, waschen und trockentupfen. Die Knoblauchzehen schälen und zerdrücken. Mit Olivenöl und Orangensaft in eine Schale geben und mit Salz und Pfeffer würzen. Die Truthahnbrüste in die Marinade legen, damit überziehen und mindestens 4 Stunden bei Zimmertemperatur marinieren.

Die Birnen schälen, halbieren, die Kerngehäuse entfernen und das Fruchtfleisch in Scheiben schneiden. Mit dem Zitronensaft beträufeln.

Eine Pfanne erhitzen. Das Fleisch aus der Marinade nehmen und in der heißen Pfanne von jeder Seite etwa 3 Minuten braten. Herausnehmen und warm stellen.

Die Butter in derselben Pfanne schmelzen und die Birnenscheiben mit dem Zucker hineingeben. Die Birnen mit dem Zucker unter Rühren karamellisieren. Die Truthahnbrüste auf Teller geben und mit den Birnenscheiben belegen und mit dem Karamell beträufeln. Dazu roten Reis und Gemüse nach Wahl servieren.

* Die mit einem Sternchen versehenen Zutaten können ausgetauscht werden. Gewürze und Kräuter je nach Belieben.

asteron

Süßspeisen

Stuart Landsborough's
PUZZLING WORLD!
Wanaka, New Zealand

Während im Norden eher tropische Früchte wie Mango, Papaya, Kiwi und Passionsfrucht zu finden sind, wachsen im Süden Australiens unter anderem die Quandongs, wilde Pfirsiche.

Der Busch bringt die Buschtomaten und die Kakadu-Pflaumen hervor, die übrigens einen um ein Vielfaches höheren Vitamin-C-Gehalt haben als Zitrusfrüchte. Eine Frucht, die heute aus Australien zu uns kommt, ist der Granny-Smith-Apfel. Auch Neuseeland kultiviert Äpfel und mittlerweile Kiwis in großem Stil.

In Tasmanien stehen die Nussbäume, die Walnüsse und Macadamianüsse liefern.

Insgesamt findet man heute in Australien und Neuseeland die komplette Bandbreite an Zitrusfrüchten, Beeren, Aprikosen, Melonen und Weintrauben. Letztere sind nicht zuletzt verantwortlich für australische und neuseeländische Weine, die mittlerweile Weltruf genießen.

Gefördert wird heute außerdem wieder der Anbau einheimischer Früchte und Nüsse, wozu zum Beispiel die Illawarra-Pflaumen, dunkel-rote Beeren eines Nadelbaumes, Lemon-Aspen, kleine, gelbe, zitrusartige Früchte, Buschtomaten und Bunya-Nüsse gehören.

Süßspeisen

Vor dem Eintreffen der ersten Siedler gab es in Australien kein Gebäck, außer dem ziemlich festen Damper, einem Brot.

Die Süßspeisen erstreckten sich auf die regional unterschiedlich wachsenden Früchte, die getrocknet, gemahlen oder zu Mus verarbeitet wurden. Die ersten Desserts in Australien waren englische Puddings, Trifles und süße Pies, außerdem Gebäck wie Doughnuts und Scones.

Die stark sättigenden Desserts wurden aber bald durch leichtere Kost ersetzt – der Biskuitteig wurde „entdeckt". Und australische Frauen hatten ein neues Hobby: Backen. An Zutaten wie Eiern mangelte es nicht.

Wunderbare Süßspeisen wie Lamingtons, Biskuitschnitten mit Schokoglasur, oder die berühmte Pavlova entstanden. Dieses reichhaltige Eiweißgebäck ist angeblich einer russischen Ballerina gewidmet.

Muffins und Scones wurden eingebürgert und nach Lust und Laune variiert. Eine Delikatesse sind Pumpkin-Scones, die im Südwesten Australiens Zuhause sind.

Neuseeländer lieben neben der Pavlova, auf die sie auch Anspruch erheben, vor allem Eiscreme in allen Variationen, einschließlich der Fruchtsorbets, zum Beispiel mit Kiwi.

PAVLOVA MIT MANGOSAHNE

PAVLOVA MIT KIWISAHNE

PAVLOVA MIT ANANAS-KOKOS-SAHNE

PAVLOVA MIT BLAUBEER-MASCARPONE

PAVLOVA MIT PITAHYASAHNE

PAVLOVA MIT ILLAWARRA-PFLAUMEN UND HASELNÜSSEN

Pavlova mit Passionsfrucht

Für 12 Törtchen
1 Eiweiß
1 Prise Salz
150 g Zucker
1 Tl Speisestärke
1 Tl Zitronensaft
1 El Butter
30 g kernige Haferflocken*
500 g Passionsfrüchte*
400 g Sahne*
2 Päckchen Sahnesteif

Zubereitungszeit: ca. 30 Minuten (plus Zeit zum Trocknen, Rösten und Durchziehen)
Pro Törtchen ca. 198 kcal/831 kJ
3 g E · 10 g F · 21 g KH

Pavlova mit Passionsfrucht
Das Eiweiß mit dem Salz in einer Schüssel zu steifem Schnee schlagen. Nach und nach den Zucker einrieseln lassen. Weiterrühren, bis die Masse glänzt. Die Speisestärke unterheben und den Zitronensaft zugeben. Ein Backblech mit Backpapier auslegen. Darauf einen Kreis von 26 cm Durchmesser zeichnen.

Die Baisermasse in einen Spritzbeutel mit Lochtülle füllen, den Kreis mit etwa zwei Dritteln der Masse spiralförmig ausspritzen. Die übrige Baisermasse rundherum als Tupfen auf den Rand setzen. Die Törtchen in den kalten Ofen schieben, auf 100 °C (Umluft 75 °C) erhitzen und ca. 3 Stunden trocknen, bis die Baisermasse außen knusprig ist. Dann den Boden auf eine Tortenplatte setzen.

Die Butter schmelzen und die Haferflocken darin unter Wenden knusprig rösten. Abkühlen lassen.

Die Passionsfrüchte waschen, putzen und halbieren. Eine Hälfte fein würfeln, die andere in Scheiben schneiden. Die Sahne mit Sahnesteif steif schlagen, mit den Passionsfruchtwürfeln mischen und mit Zucker nach Belieben abschmecken.

Die Fruchtsahne auf den Baiserboden geben, die Passionsfruchtscheiben und die gerösteten Haferflocken darauf verteilen. Die Törtchen etwa 1 Stunde durchziehen lassen.

* Die mit einem Sternchen versehenen Zutaten können ausgetauscht werden. Gewürze und Kräuter je nach Belieben.

Ananasgebäck mit Schokomousse

Ananasgebäck mit Schokomousse

Die Butter mit dem Zucker schaumig rühren, nach und nach die Eier zugeben. Die Zitrusschalen und den Vanilleextrakt einrühren und das Mehl dazusieben. Die Teig zur Kugel formen und 30 Minuten kühl stellen.

Den Backofen auf 180 °C (Umluft 160 °C) vorheizen. Den Teig auf einer bemehlten Arbeitsfläche ausrollen und einen großen Kreis (etwa 30 cm Durchmesser) ausschneiden. Auf ein mit Backpapier ausgelegtes Backblech legen und im Ofen etwa 8 Minuten goldbraun backen. Auf einem Kuchengitter abkühlen lassen, in zwölf Stücke teilen und in einer Dose luftdicht beiseite stellen.

Für die Mousse die Schokolade in einem Topf unter Rühren schmelzen. Die Sahne mit einem Drittel des Zuckers steif schlagen und kalt stellen. Die Eigelbe mit dem Rum und einem Drittel des Zuckers mischen und schaumig rühren. Die Eiweiße mit dem restlichen Zucker steif schlagen. Die Schokolade mit dem Rum-Eigelb verrühren, die Hälfte des Eischnees hinzufügen und die Sahne unterrühren. Zuletzt den restlichen Eischnee unterheben. Die Schokomousse kalt stellen.

250 ml Wasser mit dem Zitronensaft und dem Zucker mischen und zum Kochen bringen. Die Ananasscheiben in Stücke schneiden und in der Mischung kochen, bis sie durchsichtig werden. Abkühlen lassen. Nach Bedarf etwas Wasser zugeben, wenn die Masse zu dick ist.

Zum Servieren abwechselnd Schokomousse und Teigstücke auf Teller geben und mit Ananasstücken belegen. Mit Puderzucker bestreuen.

Für 6 Portionen
200 g Butter
100 g Zucker
2 Eier
abgeriebene Schale von je 1 unbehandelten Limette und Orange
3 Tropfen Vanilleextrakt
600 g Mehl
Mehl für die Arbeitsfläche

Für die Schokomousse:
250 g Schokolade
250 g Sahne
200 g Zucker
3 Eigelb
2 El Rum
2 Eiweiß
Saft von 1 Zitrone
200 g Zucker
2 Scheiben frische Ananas, 1 cm dick

Zubereitungszeit: ca. 40 Minuten
(plus Zeit zum Kühlen, Back- und Kochzeit)
Pro Portion ca. 1350 kcal/5670 kJ
20 g E · 60 g F · 180 g KH

Ananas sind die Früchte einer etwa 1 m hohen Pflanze mit langen, harten Blättern und stachligen Rändern. Die vielen violetten Blüten wachsen um eine Blütenachse herum. Aus ihnen entwickeln sich viele kleine Früchte, die sich zu einer einzigen Frucht verbinden, der Ananas. Das, was man als die „Augen" bezeichnet, sind also viele kleine Früchte, daher auch die Bezeichnung Sammelfrucht. Die Ananasschale ist sehr dick, das Fleisch faserig, süß und sehr saftig. Die frischen Früchte enthalten reichlich Vitamin C, Kalium, Magnesium und Folsäure, außerdem ein Enzym, das verdauungsfördernd wirkt.

Blaubeeren sind auch als Heidelbeeren bekannt. Sie stammen aus Nordamerika und werden seit einigen Jahren in Australien angebaut. Die niedrig wachsen Heidelbeersträucher findet man bevorzugt in Wäldern und Bergregionen. Die kleinen, blauen Beeren werden frisch oder getrocknet verwendet, man kann sie tiefgefrieren oder zu Marmelade verarbeiten. Als Beilage zu Süßspeisen sind sie sehr beliebt. Blaubeeren enthalten Vitamin C, Kalium, Natrium und Ballaststoffe.

Für 6 Portionen
- 500 g Blaubeeren
- Saft von 1/2 Zitrone
- 200 g Zucker
- 2 1/2 Tl gemahlene Gelatine

Für die Limettencreme:
- 2 Tl gemahlene Gelatine
- 2 Eier, 100 g Zucker
- abgeriebene Schale und Saft von 1 unbehandelten Limette
- 200 g Sahne
- Minzeblättchen zum Garnieren

Zubereitungszeit 30 Minuten
(plus Koch- und Kühlzeit
Pro Portion ca. 371 kcal/1558 kJ
4 g E · 12 g F · 58 g KH

Blaubeerpudding mit Limettencreme

Blaubeerpudding mit Limettencreme

Die Blaubeeren verlesen, waschen und abtropfen lassen. Mit dem Zitronensaft und dem Zucker in einen Topf geben und zum Kochen bringen. Etwa 5 Minuten köcheln, dann den Topf vom Herd nehmen und die Mischung durch ein mit einem Mulltuch ausgelegtes Sieb abtropfen lassen. Auf diese Weise etwa 500 ml Blaubeersirup auffangen.

125 ml Blaubeersirup in einen Topf geben und die Gelatine einrühren. Ins Wasserbad stellen und die Gelatine unter Rühren auflösen. Dann mit dem restlichen Blaubeersirup mischen. Die Masse in eine Schüssel oder Portionsschälchen füllen und im Kühlschrank etwa 4 Stunden kühlen, bis sie fest wird.

Für die Limettencreme die gemahlene Gelatine in 50 ml kochendes Wasser einrühren und im Wasserbad auflösen. Die Eier mit dem Zucker und der Limettenschale schaumig rühren. Die Sahne steif schlagen und mit dem Limettensaft unter die Mischung heben. Zuletzt die aufgelöste Gelatine einrühren und alles in einer Schüssel im Kühlschrank fest werden lassen.

Die Limettencreme auf dem Blaubeerpudding verteilen und servieren. Mit Minzeblättchen garnieren.

Kumquatkuchen

Die Kumquats heiß waschen, trockentupfen, halbieren und die Kerne entfernen. Den Saft auffangen. Die Kerne in ein Mullsäckchen geben und mit den Früchten, dem Saft und 500 ml Wasser in einer Schüssel über Nacht kühl stellen.

Die Mischung zum Kochen bringen und köcheln, bis die Kumquats weich sind. Entstandenen Schaum abschöpfen, das Mullsäckchen entfernen. Den Zucker einstreuen und unter Rühren auflösen. Die Mischung weiterköcheln, bis sie eine sirupartige Konsistenz erreicht hat.

Sechs Muffinförmchen einfetten. Sechs Streifen Backpapier von 8 cm Breite zuschneiden und die Förmchen damit auslegen. Den Backofen auf 175 °C (Umluft 155 °C) vorheizen.

Die Butter mit dem Zucker und der Zitronenschale in einer Schüssel schaumig rühren. Den Zitronensaft und die Eier zugeben, das Mehl mit dem Backpulver mischen und dazusieben. Die Buttermilch unterrühren. Den Teig in die Förmchen füllen und im Ofen etwa 40 Minuten backen. 10 Minuten in den Förmchen ruhen lassen, herauslösen und jeden Kuchen mit Kumquatsirup begießen. Mit Puderzucker bestäuben.

Kumquatkuchen

Für 6 Portionen
500 g Kumquats
250 g Zucker

Für den Kuchen:
180 g Zucker
110 g Butter
abgeriebene Schale von
2 unbehandelten Zitronen
2 El Zitronensaft
2 Eier
180 g Mehl
1 Tl Backpulver
125 ml Buttermilch
Puderzucker zum Bestäuben
Fett für die Förmchen

Zubereitungszeit: ca. 30 Minuten
(plus Zeit zum Durchziehen, Koch- und Backzeit)
Pro Portion ca. 468 kcal/1965 kJ
6 g E · 18 g F · 68 g KH

Kumquats sind die Früchte eines aus China stammenden Baumes. Die etwa 5 cm großen, orangefarbenen Früchte besitzen eine dünne, süß schmeckende Schale. Das Fruchtfleisch schmeckt säuerlich bis bitter und enthält große Kerne.

Cremiger Frischkäse mit Erdbeeren

Für 4 bis 6 Portionen
200 g Frischkäse
4 El Zucker
Saft von $1/2$ Zitrone
abgeriebene Schale von
je $1/2$ unbehandelten Zitrone
und Orange
600 g Sahne
400 g Erdbeeren
Zucker zum Bestreuen

Zubereitungszeit: ca. 20 Minuten
(plus Kühlzeit)
Pro Portion ca. 435 kcal/1827 kJ
6 g E · 40 g F · 11 g KH

Cremiger Frischkäse mit Erdbeeren

Den Frischkäse mit dem Zucker, dem Zitronensaft und dem Zitrusabrieb in einer Schüssel miteinander verrühren. 500 g Sahne zugeben und kräftig schlagen, bis eine feste Creme entstanden ist. Die Mischung etwa 5 Stunden kalt stellen.

Die Erdbeeren putzen, waschen, trockentupfen und halbieren. Die Frischkäsecreme auf Teller verteilen und mit den Erdbeeren belegen. Die restliche Sahne darüber geben und mit Zucker bestreuen.

Die süß und aromatisch schmeckenden **Erdbeeren** lieben eher gemäßigtes Klima. In Australien ist es ihnen zu heiß, dagegen wachsen die niedrigen Erdbeerstauden in den gemäßigten Zonen Neuseelands sehr gut. Das rote Fruchtfleisch ist nicht die eigentliche Frucht, sondern die Verdickung der Blütenachse und damit eine Scheinfrucht. Die eigentlichen Erdbeerfrüchte sind die winzigen kleinen Nüsse, die auf dem Fruchtfleisch verteilt sind. Nichtsdestotrotz sind Erdbeeren sehr nährstoffreich. Sie enthalten Vitamin C, Kalium, Vitamin B6 und Magnesium.
Sie wirkenharntreibend und blutreinigend.

Rhabarber-Clafoutis mit Joghurt

Rhabarber-Clafoutis mit Joghurt

Die Butter mit 3 El Zucker mischen und eine Tarte- oder Springform damit ausstreichen. Die Eier mit dem ausgekratzten Vanillemark in einer Schüssel schaumig schlagen. Nach und nach restlichen Zucker, Mehl, Salz, Sahne und Milch zugeben sowie die Orangenschale und den Galliano. Alles zu einem glatten Teig verarbeiten.

Für 1 Springform
1 El Butter
280 g Zucker
5 Eier
Mark von 1 Vanillestange
125 g Mehl
1 Prise Salz
200 g Sahne
200 ml Vollmilch
abgeriebene Schale von
1 unbehandelten Orange
2 El Galliano
8 Rhabarberstangen
250 g Naturjoghurt
Puderzucker zum Bestäuben

Zubereitungszeit: ca. 30 Minuten (plus Backzeit)
Pro Portion ca. 498 kcal/2091 kJ
12 g E · 20 g F · 66 g KH

Den Backofen auf 180 °C (Umluft 160 °C) vorheizen. Die Rhabarberstangen putzen, waschen, von Fasern befreien und in kleine Stücke schneiden. In eine Springform (ca. 24 cm Durchmesser) füllen und die Teigmischung darüber gießen. Den Clafoutis im Ofen etwa 40 Minuten goldbraun backen. Auf einem Kuchengitter abkühlen lassen.

Den Rhabarber-Clafoutis mit Puderzucker überstäuben und mit Naturjoghurt servieren.

Tipp

Clafoutis schmeckt auch mit anderen Früchten wie Kirschen, Blaubeeren, Mango und Quandongs (Pfirsichen). Den Naturjoghurt können Sie mit Vanillecreme oder Schokoladenraspeln verfeinern.

CRÈME CARAMEL MIT APRIKOSEN

CRÈME CARAMEL MIT HIMBEEREN

CRÈME CARAMEL MIT ORANGEN

CRÈME CARAMEL MIT KIWI

CRÈME CARAMEL MIT PASSIONSFRUCHT

CRÈME CARAMEL MIT ERDBEEREN

Crème caramel mit Tangelo

Für 4 bis 5 Portionen
130 g Zucker
3 Tangelos*
350 g Sahne
2 Eier
4 Eigelb

Zubereitungszeit: ca. 30 Minuten (plus Zeit zum Kochen, Festwerden und Kühlen)
Pro Portion ca. 448 kcal/1881 kJ
8 g E · 29 g F · 36 g KH

Crème caramel mit Tangelo
60 g Zucker mit 3 El Wasser in einen Topf geben und ohne zu rühren schmelzen. Wenn der Zucker karamellisiert ist, den Topf vom Herd nehmen und den Karamell auf dem Boden von 4 bis 5 Förmchen verteilen.

Die Tangelos heiß abwaschen, trockentupfen und die Schale von einer Tangelo fein abreiben. Die Tangelos ausdrücken und 115 ml Saft auffangen. Den Saft durch ein Sieb in einen Topf geben und auf die Hälfte einkochen lassen. Etwas abkühlen lassen. Den Ofen auf 125 °C (Umluft 100 °C) vorheizen.

Die Sahne mit dem restlichen Zucker und dem Tangeloabrieb bei geringer Temperatur erwärmen und vom Herd nehmen. Die Eier und Eigelbe miteinander verquirlen und mit der Sahnemischung verrühren. Den Tangelosaft zugießen. Die Mischung durch ein Sieb streichen und in die Förmchen mit Karamell füllen, dabei oben einen etwa 5 mm breiten Rand lassen.

Die Förmchen in die mit heißem Wasser gefüllte Fettpfanne des Ofens stellen und in etwa 35 Minuten fest werden lassen. Die Creme 4 Stunden kühl stellen, dann aus den Förmchen auf Teller stürzen. Nach Belieben mit Früchten oder einer Fruchtsauce servieren.

* Die mit einem Sternchen versehenen Zutaten können ausgetauscht werden. Gewürze und Kräuter je nach Belieben.

Der botanische Verwandte der Aprikose ist der **Pfirsich**. Sein australischer Vertreter ist der blaue **Quandong**, der in Queensland wächst. In Süßspeisen kann er wie Pfirsiche oder Aprikosen verwendet werden. Sein Namensvetter, der rote Wüsten-Quandong, stammt aus Südaustralien und ist in den Sommermonaten erhältlich. Er enthält sehr viel Vitamin C und wird außer zum Essen zur Linderung von Juckreiz eingesetzt.

Vanillegrieß mit gebackenen Aprikosen

Vanillegrieß mit gebackenen Aprikosen
Die Milch mit dem Vanillemark und dem Zucker in einen Topf geben und zum Kochen bringen. Die getrockneten Aprikosen fein hacken.

Den Grieß langsam in die kochende Milch rühren und so lange weiterrühren, bis er zu quellen beginnt und andickt. Den Topf vom Herd nehmen und die Grießmasse etwas abkühlen lassen. Dann die gehackten Aprikosen unterheben. Die Mischung etwa 2,5 cm dick auf ein gefettetes Backblech streichen und zum Abkühlen beiseite stellen.

Die Aprikosen waschen, trockentupfen, halbieren und den Stein entfernen. Eine Grillpfanne oder den Grill erhitzen und zwölf Aprikosenhälften darin bzw. darauf einige Minuten grillen, bis sich auf den Früchten Grillstreifen zeigen. Die restlichen Aprikosen mit dem Wein und etwas Wasser pürieren. Das Püree durch ein Sieb streichen.

Aus dem abgekühlten Grieß zwölf Kreise mit einem Durchmesser von 5 cm ausstechen.

Die Butter in einer gusseisernen Pfanne erhitzen und die Grießkreise darin goldbraun braten. Jeweils drei Kreise auf einen Teller legen und mit drei gegrillten Aprikosenhälften umgeben. Das Aprikosenpüree als Sauce darüber träufeln.

Für 4 Portionen
500 ml Vollmilch
Mark von 1/2 Vanilleschote
2 El Zucker
150 g getrocknete Aprikosen
60 g Hartweizengrieß
12 reife Aprikosen
200 ml Dessertwein
60 g Butter
Fett für das Blech

Zubereitungszeit: ca. 30 Minuten (plus Zeit zum Kochen und Abkühlen, Grill- und Bratzeit)
Pro Portion ca. 315 kcal/1323 kJ
8 g E · 11 g F · 43 g KH

Die **Aprikose** stammt aus China. Durch Alexander den Großen und die Araber wurde sie in die übrige Welt eingeführt. Schon die Blüten des Aprikosenbaumes duften stark, seine Früchte zeichnen sich durch ein aromatisches und süßes Fruchtfleisch aus. Aprikosen finden in Süßspeisen aller Art Verwendung und sind als Kuchenbelag genauso begehrt wie in Chutneys und als Saft. Sie enthalten sehr viel Beta-Karotin, Kalium, Eisen und etwas Vitamin C, wirken appetitanregend und blutbildend. In den getrockneten Früchten sind alle Nährstoffe konzentrierter erhalten als in frischen, außerdem wirken sie verdauungsfördernd.

Für 6 Portionen
2 El Zucker
1 Ei
250 ml Milch
1 Tl Vanilleextrakt
1 Prise Salz
375 g Mehl
2 Tl Pottasche
1 Tl Natron
1 El Butter
3 Kiwis
Puderzucker zum Bestäuben
geschlagene Sahne
Fett für die Pfanne

Zubereitungszeit: ca. 30 Minuten (plus Bratzeit)
Pro Portion ca. 281 kcal/1180 kJ
9 g E · 3 g F · 52 g KH

Beechwoods-Pfannkuchen mit Kiwi

Beechwoods-Pfannkuchen mit Kiwi

Den Zucker mit dem Ei in einer Schüssel schaumig schlagen. Die Milch mit dem Vanilleextrakt und dem Salz zugeben. Das Mehl mit der Pottasche und dem Backpulver mischen und dazusieben. Die Butter in 2 El kochendem Wasser schmelzen und zugießen. Alles zu einem glatten Teig verarbeiten.

Eine Pfanne einfetten und erhitzen. Eine Schöpfkelle Teig hineingeben und daraus einen Pfannkuchen braten. Wenn sich an der Oberfläche Blasen bilden, den Pfannkuchen wenden und auf der anderen Seite goldbraun braten. Den restlichen Teig ebenso verarbeiten.

Die Kiwis schälen und in Scheiben schneiden. Die Pfannkuchen auf Teller geben und mit Puderzucker bestäuben. Mit Kiwischeiben belegen und mit Sahne servieren.

Welcome

Scones

Die Butter mit dem Puderzucker und den Eiern schaumig rühren. Das Mehl mit Salz und Backpulver mischen und dazusieben. Die Milch zugießen und alles zu einem festen Teig verarbeiten, der sich ausrollen lässt. Nach Bedarf noch etwas Milch oder Mehl unterrühren.

Den Backofen auf 200 °C (Umluft 180 °C) vorheizen. Den Teig auf einer bemehlten Arbeitsfläche ausrollen und gezackte Kreise (6 cm Durchmesser) ausstechen. Auf ein gefettetes Backblech legen und im Ofen etwa 20 Minuten backen.

Die Scones noch warm mit Crème fraîche und Johannisbeergelee servieren.

Für ca. 15 Stück
125 g Butter
60 g Puderzucker
3 Eier
560 g Mehl
7 g Salz
30 g Backpulver
125 ml Milch
Eigelb zum Bestreichen
200 g Crème fraîche
150 g Johannisbeergelee
Mehl für die Arbeitsfläche
Fett für das Blech

Zubereitungszeit: ca. 20 Minuten (plus Backzeit)
Pro Stück ca. 146 kcal/613 kJ
2 g E · 13 g F · 4 g KH

Scones

Scones sind ein Mitbringsel der britischen Einwanderer, die dieses Teegebäck aus ihrer Heimat mitbrachten. Das Gebäck, das seinen Ursprung im und seinen Namen aus dem Niederländischen hat („Schoonbrot" für Brot aus feinem Mehl) und von dort aus nach England kam, hatte ursprünglich eine dreieckige Form. Gebacken wird es aus Weizen-, Gersten- oder Hafermehl, unter Zugabe von Sahne oder Milch und Eiern. Scones werden gerne mit Butter, Fruchtgelee, Honig oder Crème double gegessen.

Zitrus-Muffins mit Orangenmascarpone

Für 6 Portionen
100 g Butter
abgeriebene Schale und Saft von je ½ unbehandelten Limette und Orange
3 Eier, 200 g Zucker
375 g Mehl, 1 Prise Salz
1 Tl Backpulver, ½ Tl Natron
Fett für das Blech

Für den Orangenmascarpone:
100 g Mascarpone
abgeriebene Schale und Saft von 1 unbehandelten Orange
20 g Puderzucker

Zubereitungszeit: ca. 30 Minuten (plus Backzeit)
Pro Portion ca. 571 kcal/2398 kJ
11 g E · 23 g F · 78 g KH

Zitrus-Muffins mit Orangenmascarpone

125 ml Wasser mit der Butter und dem Zitrusabrieb sowie dem -saft in einen Topf geben und zum Kochen bringen. Dann vom Herd nehmen. Den Backofen auf 180 °C (Umluft 160 °C) vorheizen.

Die Eier mit dem Zucker schaumig schlagen. Das Mehl mit Salz und Backpulver mischen und dazusieben. Das Natron in die Wasser-Butter-Mischung rühren und zur Mehlmischung geben. Alles zu einem glatten Teig verarbeiten.

Ein Muffinblech einfetten und den Teig auf die zwölf Vertiefungen verteilen. Im Ofen etwa 35 Minuten backen, die Muffins aus der Form nehmen und auf einem Kuchengitter abkühlen lassen.

Den Mascarpone mit Orangenschale, -saft und Puderzucker verrühren. Die Muffins mit dem Orangenmascarpone auf Tellern anrichten. Dazu frische Früchte und Honig- oder Zimteis servieren.

Mascarpone wird ein milder Frischkäse genannt, der aus Sahne hergestellt, auf 90 Grad erhitzt und mit Zitronensäure dickgelegt wird. Seinen Ursprung hat er in Italien, in der Lombardei. Mascarpone hat einen Fettgehalt von 75 Prozent, weshalb er besonders cremig ist. Er wird vor allem für Süßspeisen, aber auch für würzige Vorspeisen verwendet.

Karottenkuchen mit Orangenhaube

Karottenkuchen mit Orangenhaube

Den Backofen auf 180 °C (Umluft 160 °C) vorheizen. Die Eier mit dem Zucker, dem Öl und dem Vanilleextrakt schaumig schlagen. Das Mehl mit Salz, Natron und den Gewürzen mischen und dazusieben. Anschließend die restlichen Zutaten für den Kuchen vorsichtig unterrühren.

Eine Springform (24 cm Durchmesser) einfetten, mit Mehl ausstreuen und den Teig hineinfüllen. Im Ofen etwa 1 Stunde 30 Minuten backen, dann noch einige Minuten in der Form ruhen lassen.

Für die Orangenhaube die Butter mit der Orangenschale und dem Frischkäse verrühren, dann Vanillemark, Puderzucker und Orangensaft unterheben.

Den Karottenkuchen aus der Form lösen und mit der Orangenhaube überziehen. Nach Belieben mit Orangenzesten dekorieren.

Für 1 Springform
3 Eier
250 g brauner Rohrzucker
60 ml Rapsöl
2 Tl Vanilleextrakt
500 g Weizenvollkornmehl
½ Tl Salz
2 Tl Natron
2 Tl gemahlener Zimt
1 Tl gemahlene Muskatnuss
60 ml Milch
600 g geriebene Karotten
150 g Kokosraspel
100 g gehackte Walnüsse
225 g Ananasstücke aus der Dose
Fett und Mehl für die Form

Für die Orangenhaube:
50 g Butter
1 Tl abgeriebene Schale von 1 unbehandelten Orange
60 g Frischkäse
½ Tl Vanillemark
100 g Puderzucker
1–2 El Orangensaft
Orangenzesten zum Dekorieren

Zubereitungszeit 30 Minuten
(plus Back- und Ruhezeit)
Pro Stück ca. 394 kcal/1654 kJ
8 g E · 18 g F · 47 g KH

SCHOKOLADENPUDDING MIT MACADAMIA-KARAMELL-SAUCE

SCHOKOLADENPUDDING MIT ERDNUSS-KARAMELL-SAUCE

VANILLEPUDDING MIT RHABARBER-KARAMELL-SAUCE

VANILLEPUDDING MIT FEIGEN-SAUCE

KARAMELLPUDDING MIT SCHOKO-MINZ-SAUCE

KARAMELLPUDDING MIT BANANEN-MANDEL-KIRSCHSAUCE

Schokopudding mit Bananen-Karamell-Sauce

Für 4 bis 6 Portionen
100 g Butter
100 g Zucker
2 Eier
100 g Mehl
1 Tl Backpulver
2 El Kakaopulver*
50 g Schokoladensplitter*
Fett und Mehl für die Form

Für die Bananen-Karamell-Sauce:
200 g Zucker*, 200 g Sahne*
1 Banane*
Minzeblättchen zur Dekoration

Zubereitungszeit: ca. 25 Minuten
(plus Zeit zum Festwerden und Kochen)
Pro Portion ca. 576 kcal/2419 kJ
6 g E · 29 g F · 71 g KH

Schokopudding mit Bananen-Karamell-Sauce
Den Ofen auf 160 °C (Umluft 140 °C) vorheizen. Die Butter mit dem Zucker und den Eiern schaumig schlagen. Das Mehl mit dem Backpulver und dem Kakaopulver mischen und dazusieben. Alles zu einer glatten Masse verrühren. Zuletzt die Schokosplitter unterheben.

Eine Puddingform einfetten und mit Mehl ausstreuen. Die Puddingmasse hineingeben und im Wasserbad im Ofen fest werden lassen.

Für die Sauce den Zucker in einer Pfanne unter Rühren karamellisieren lassen. Die Sahne in einem Topf erwärmen und mit dem karamellisierten Zucker mischen. Unter Rühren auflösen. Die Banane schälen und in Scheiben schneiden. In die Karamellsauce geben.

Den Schokoladenpudding auf Teller verteilen und mit der Bananen-Karamell-Sauce umgeben. Mit Minzeblättchen dekorieren.

* Die mit einem Sternchen versehenen Zutaten können ausgetauscht werden. Gewürze und Kräuter je nach Belieben.

Löffelbiskuits sind luftige, fingerlange Kekse mit einer gezuckerten Oberfläche. Sie wurden im 15. Jahrhundert in Frankreich erfunden und sind seitdem ein beliebtes Gebäck zum Knabbern und Backen von Süßspeisen. Zerkrümelt und mit Butter vermengt ergeben sie einen festen Kuchenteig, der schnell gebacken ist und ganz auf Eier und Milch verzichtet.

Käsekuchen mit weißer Schokolade

Käsekuchen mit weißer Schokolade
Den Backofen auf 180 °C (Umluft 160 °C) vorheizen. Für den Teig die Löffelbiskuits zerkrümeln, die Butter schmelzen, und beides mit der Zitronenschale zu einem Teig verarbeiten. In eine gefettete Springform (26 cm Durchmesser) füllen und im Ofen etwa 5 Minuten goldbraun backen.

Die weiße Schokolade im Wasserbad unter Rühren schmelzen. 75 g Zucker mit Quark, Eiern und Zitronensaft im Mixer etwa 5 Minuten kräftig verrühren, bis die Masse schaumig ist. Vanilleextrakt und Grand Marnier zugeben und weiterrühren.

Die Mischung in eine Schüssel geben und die geschmolzene weiße Schokolade gut unterrühren. Die Eiweiße mit dem restlichen Zucker steif schlagen und unter die Quarkmasse heben. Die Masse auf dem Biskuitboden verteilen und im Ofen etwa 10 Minuten bei 180 °C backen, dann auf 110 °C (Umluft 90°C) runterschalten und den Kuchen weitere 50 Minuten backen.

Den Käsekuchen nach Belieben mit Schokoladensauce aus dunkler Schokolade servieren.

Für 1 Springform
250 g Löffelbiskuits
200 g Butter
2 Tl abgeriebene Schale von
1 unbehandelten Zitrone
160 g weiße Schokolade
150 g Zucker
750 g Sahnequark
2 Eier
1 1/2 El Zitronensaft
2 Tl Vanilleextrakt
1 El Grand Marnier
4 Eiweiß

Zubereitungszeit: ca. 30 Minuten
(plus Zeit zum Backen und Schmelzen)
Pro Stück ca. 318 kcal/1335 kJ
11 g E · 16 g F · 30 g KH

Weiße Schokolade wird nicht wie die dunkle aus fester Kakaopulvermasse hergestellt, sondern aus der Kakaobutter, die der Kakaomasse entzogen wurde. Die Kakaomasse entsteht, wenn die gerösteten Kakaobohnen zerrieben werden. Der Kakaobutter werden Milchpulver, Kondensmilch und Zucker sowie Vanilleextrakt zugegeben. Weiße Schokolade ist meist süßer als dunkle und schmilzt schneller. Aus weißer Schokolade werden Pralinen, Kuchenglasuren und wie in diesem Rezept Kuchenfüllungen zubereitet.

Quitten wurden bereits von den Griechen und Römern wegen ihres Öls und ihrer symbolischen Kraft, die vor Unheil schützen soll, geschätzt. Die großen, gelben Früchte werden unreif gepflückt und reifen bei Zimmertemperatur nach. Das feste, wasserarme Fruchtfleisch duftet sehr aromatisch und enthält viel Pektin. Das ebenfalls enthaltene Tannin macht es jedoch roh ungenießbar. Quitten werden daher wie Äpfel gekocht, zu Marmelade, Mus oder Saft verarbeitet.

Für 6 Portionen
1,5 l Birnensaft
250 g Zucker
6 Quitten
je 4 getrocknete Aprikosen und Feigen
20 g kandierter Ingwer
50 g Rosinen

Zubereitungszeit: ca. 20 Minuten (plus Zeit zum Garen und Durchziehen)
Pro Portion ca. 403 kcal/1692 kJ
3 g E · 1 g F · 91 g KH

Gefüllte Quitten in Gelee

Gefüllte Quitten in Gelee
Den Birnensaft mit dem Zucker in einem großen Topf zum Kochen bringen. Bei geringer Temperatur weiterköcheln.

Die Quitten waschen, mit einer Bürste den Belag entfernen und die Früchte trockentupfen. Mit einem Apfelausstecher die Kerngehäuse aus den Quitten schneiden, in ein Mullsäckchen geben und zubinden. Das Säckchen in den Saft legen und mitköcheln.

Inzwischen die getrockneten Früchte und den Ingwer in kleine Würfel schneiden. Die Rosinen heiß abspülen und abtropfen lassen. Trockenfrüchte, Ingwer und Rosinen mischen und in die Quitten füllen. Die gefüllten Quitten im Saft etwa 2 Stunden 30 Minuten garen. Je nach Größe brauchen sie etwas länger.

Die gegarten Quitten aus dem Saft holen und auf einer Platte anrichten. Das Mullsäckchen mit den Kernen entfernen. Den Saft weiterkochen, bis er zu gelieren beginnt. Den Topf vom Herd nehmen und das Gelee abkühlen lassen. Die Quitten mit dem Gelee überziehen und über Nacht im Kühlschrank durchziehen lassen. Mit Vanilleeis servieren.

Kiwisorbet

Die Kiwis schälen, würfeln und im Mixer pürieren. Das Püree durch ein Sieb streichen.

Den Zucker mit 200 ml Wasser in einem Topf zum Kochen bringen und den Zucker unter Rühren auflösen. Den Topf vom Herd nehmen und den Zuckersirup abkühlen lassen.

Das Kiwipüree in einer Schüssel mit dem Zuckersirup verrühren und in eine Eismaschine füllen oder in einer Schüssel in den Gefrierschrank stellen. Bei der Eismaschine nach der Herstelleranweisung verfahren.

Das Sorbet im Gefrierschrank mehrmals umrühren, während es gefriert. Nach etwa 5 Stunden das Sorbet auf Portionsschalen verteilen und mit Vanillesauce oder pur servieren.

Für 4 Portionen
750 g Kiwis
200 g Zucker

Zubereitungszeit: ca. 20 Minuten
(plus Zeit zum Kochen und Gefrieren)
Pro Portion ca. 317 kcal/1331 kJ
1 g E · 1 g F · 70 g KH

Kiwisorbet

Kiwis sind bei der Ernte noch sehr fest. Sie reifen bei Zimmertemperatur nach und werden dabei auch süßer. Reife Früchte erkennt man daran, dass sie auf Druck leicht nachgeben. Die Schale darf keine Flecke oder Druckstellen haben und nicht beschädigt sein. Kiwis sollten nicht erhitzt werden, da die enthaltenen Vitamine und das Aroma dabei zerstört werden.

Obst mit Honig-Champagner-Creme

Für 4 bis 5 Portionen
150 g Zucker
1/2 Vanilleschote
250 g Kirschen

Für die Honig-Champagner-Creme:
250 g Sahne, 1 El Honig
1 El Zitronensaft
2 El Champagner
Kirschlikör nach Geschmack

5 Pfirsiche
Puderzucker zum Bestäuben

Zubereitungszeit: ca. 35 Minuten (plus Zeit zum Kochen und Festwerden)
Pro Portion ca. 352 kcal/1478 kJ
2 g E · 15 g F · 50 g KH

Obst mit Honig-Champagner-Creme

Den Zucker mit 125 ml Wasser und der Vanilleschote in einen Topf geben und unter Rühren erhitzen, bis sich der Zucker aufgelöst hat. Die Mischung etwa 2 Minuten köcheln, dann vom Herd nehmen, die Vanilleschote entfernen. Die Kirschen waschen, putzen und entsteinen. In die Zuckermischung geben und beiseite stellen.

Für die Creme die Sahne mit dem Honig und dem Zitronensaft steif schlagen. Den Champagner unterrühren und mit dem Kirschlikör abschmecken. Die Mischung im Kühlschrank fest werden lassen.

Die Pfirsiche waschen, halbieren und entsteinen. Die Pfirsichhälften in Portionsschalen legen und die Kirschen mit dem Saft darüber geben. Etwas Saft zum Verdünnen der Champagnercreme aufbewahren, falls notwendig. Die Honig-Champagner-Creme über die Früchte gießen und mit Puderzucker bestäuben. Dazu Mandelbrot oder Cantuccini reichen.

Australien zählt bei Liebhabern zu den besten Honigproduzenten der Welt. Aus dem Südwesten stammt ein cremiger **Honig** aus den Blüten der Karri-Eukalyptusbäume. In Tasmanien wird der Leatherwoodhonig aus den Blüten des Leatherwoodbaumes gewonnen. Medizinisch wertvoll ist der „Aktivhonig“ aus Neuseeland, der aus Teebaumnektar entsteht. Noch in hochverdünnter Form wird er bei der Wundbehandlung antibakteriell wirksam.

Bildquellennachweis

Cover: picture-alliance/MAXPPP oben, TLC Fotostudio unten

INTERFOTO/Fritz Prenzel: S. 60, 69, 185, 255 oben

INTERFOTO/R.Großkopf: S. 6, 12, 14

INTERFOTO/Silvia: S. 147, 241

INTERFOTO/ZILL: S. 148 unten links

mauritius-images: S. 112-113, 122, 186 unten links, 186-187, 205, 216 unten rechts, 239, 247, 255 unten

MEV, Augsburg: S. 8, 10, 17 unten links, 19, 23, 37, 41, 71, 86, 96, 113, 114 unten links, 249

picture-alliance: S. 56 , 67, 143 unten rechts, 229 Mitte, 246

picture-alliance/Bildagentur Huber: S. 9, 18 rechts, 211, 253

picture-alliance/dpa: S. 17 unten rechts, 85 unten rechts, 109 unten, 142, 161 Mitte, 187 unten links

picture-alliance/HB Verlag: S. 18 rechts, 211, 253

picture-alliance/KPA: S. 150 unten rechts

picture-alliance/MAXPPP: S. 6 unten rechts, 78 unten rechts, 114 unten rechts, 173, 234 oben

picture-alliance/Photoshot: S. 22 oben, 149 unten links

alle Food-Fotografien: TLC Fotostudio

alle übrigen Fotografien: Wolfgang Kothes, Bad Honnef, www.kothes-photography.de

Rezeptverzeichnis